# 地方自治の諸相

日本地方自治学会編

敬文堂

〈目次〉


Ⅰ　自治体公務と地域公共の担い手

1　地方公務員の非正規化とその影響
――公務員人事制度の在り方の展望――　上林　陽治　3

2　地方公務員制度における地方公共団体の自律性
――地方自治の本旨の視点からの現行法の検証――　松村　享　37

Ⅱ　文化行政と自治体

1　地方自治体の芸術祭への関与についての行政法的検討
――『表現の不自由展・その後』を題材にして――　和泉田保一　73

2　文化庁の補助金交付作用とあいちトリエンナーレ　北見　宏介　99

Ⅲ　地方自治の諸相

1　長野県内市町村の地域再生に向けて
――北海道東川町の取り組み事例を中心にして――　中村　稔彦　121

2　自治体におけるパブリックコメントの積極的運用と首長の政治姿勢　吉岡　久恵　159

Ⅳ　公募論文

1　知事選挙における中央官僚出身者と政党の選挙戦略
――一期目と二期目以降の選挙戦略の違いに着目して――　米岡　秀眞　187

Ⅴ　学会記事

日本地方自治学会　学会記事　231
日本地方自治学会　年報「論文」・「ノート」公募要領　235
編集後記　240

# Ⅰ　自治体公務と地域公共の担い手

# 1　地方公務員の非正規化とその影響
## ――公務員人事制度の在り方の展望――

上林陽治
（公益財団法人地方自治総合研究所）

### はじめに[1]

「人事行政は、この公務を運営してゆく「基盤行政」であり、その適正なる配置が乱れれば、たとえいかなる卓抜なる企画であれ、あるいはどれほど豊かな経費や資材が用意されていようとも、その行政は失敗に終わるほかない……ヘルマン・ファイナーが、『人事の問題は、行政の核心である』と述べた意味も、この点にあると考えてよかろう[2]」。

辻が指摘するように、公務の運営において人事行政は、他の行政とはまったく範疇を異にする行政なのであって、行政の核心なのである。

だが、今日、その基盤行政は、年収水準が二〇〇万円前後の官製ワーキングプア層の非正規公務員が、地方自治体に勤務する職員の三分の一を占めるという状態になっている。彼女ら彼らの多くは、一回の任期が一年以下の不安定雇用者でもある。

自治体によっては、非正規公務員が全職員の三分の二を占めるところさえあり、従事者の八割以上が非正規公務員という職種さえある。

すなわち、地方自治体が提供する公共サービスは、官製ワーキングプアの非正規公務員を構造化して提供されているのである。

非正規公務員への依存体質を高めてきたのは、以下の理由によるものと考えられる。

第一に、新たな行政需要を非正規公務員の配置で賄ってきたことである。これまで地方自治体が実施してきた行政改革とは、組織管理と定員管理を分離し、組織は拡大する（リストラできないまま新規行政需要に対処）にも関わらず、正規公務員数でカウントされる定員を削減する、すなわち行政改革を定員削減と読み替えて進められてきた。そしてその隙間を、非正規公務員で埋めてきたのである。

第二に、公務員削減に対応するため、公務員人事は異動により広範に職務を経験させるＯＪＴを基本とするジェネラリスト養成型ジョブローテーションとなった結果、正規公務員は一つの専門部署に留まることは許されず、三年程度で異動する一方で、異動にふさわしくない専門職は人員削減の対象となっていき、専門性と長い業務経験を必要とする職種は、ジョブ型雇用の非正規公務員で賄われていったためである。後に述べるように、専門・資格職ほど非正規化が進むのは、このためである。

繰り返し、強調しておきたい。

地方自治体が提供する公共サービスは、「非正規という受け入れがたき現状を受け入れながら生きている」(3) 人たちで提供されている。

辻が予言しているように、このような状態のもとでの行政は失敗に終わるほかなく、この状態を放置していれば、社会はいつか崩壊する。

## 一　地方公務員の非正規化の状況

### 1　非正規公務員とは

一九五〇年一二月一三日公布（法律二六一号）、一九五一年二月一三日施行の地方公務員法（以下、「地公法」という）は、その二条で、「地方公務員とは地方公共団体のすべての公務員をいう」と定義し、地方公共団体のすべての公務員を一律に扱うこととした。だが、現代においては、任期の有無、勤務時間の長短等により区分された多様な勤務形態の職員が地方公務員として任用されている。労働者としての地方公務員には二種類ある。正規公務員（＝定数内職員）と非正規公務員（＝定数外職員）である。

正規公務員とは、地公法一七条の二に規定する競争試験又は選考により採用された者のうち、地方自治法（以下、「自治法」という）一七二条三項に規定する職員定数条例に定める定数を占める職員のことである。その勤務形態は、勤務時間条例に定められた週勤務時間以上を勤務する「常勤の職員」（自治法二〇四条一項）で、またその任期は、多くの場合、無期である。

一方、非正規公務員とは、正規公務員（常勤・無期・定数内）以外のすべての職員のことである。主要には、二〇一七年の改正地公法で新設された会計年度任用職員がこれに当たる。会計年度任用職員制度が新設される前の非正規公務員に関しては自治体ごとに任意に呼称され、総じて、臨時職員、非常勤職員、嘱託員等とされてきていた。

二〇一七年改正地公法で導入された会計年度任用職員（地公法二二条の二）は、「一会計年度を超えない範囲内で置かれる非常勤の職〔中略〕を占める職員」と定められている。すなわち、a一会計年度の期間（四月一日から翌年三月三一日まで）を限度とする有期雇用で、b「非常勤の職」を占める職員ということである。なお、この場合の「非常勤の職」の「非常勤」とは、勤務時間の長短という勤務形態のことではなく、常時勤務で無期雇用の正規公務員が配置されていない職を総称して「非常勤の職」といっている。任期は、四月一日から三月三一日までの一会計年度以内で（最長一年）、同期間内であれば何回でも短い任期を更新できる。なお採用のたびに、一月の条件付採用期間が置かれる。

定数条例との関係においては、自治法一七二条三項但書に「臨時又は非常勤の職については、この限りでない」と規定され、会計年度任用職員は非常勤の職を占めることから、定数外職員として扱われる。

会計年度任用職員には二種類あり、①一週間当たりの勤務時間が常時勤務者の勤務時間より短い時間である者（地公法二二条の二第一項一号。以下、「パート会計年度任用職員」）と、②一週間当たりの勤務時間が常時勤務者の勤務時間と同一である者（地公法二二条の二第一項二号。以下、「フルタイム会計年度任用職員」）である。

フルタイムとパートの会計年度任用職員では給与体系が異なって設計され、フルタイム会計年度任用職員には、従前通り自治法二〇四条が適用され、生活給としての給料と、期末・勤勉手当、扶養手当や住居手当等の諸手当ならびに退職手当を支払えるとした。一方、パート会計年度任用職員には、これまた従前通り、自治法二〇三条の二の適用により、生活保障的な要素を含まない報酬と、費用弁償としての通勤費に加えて、六月以上勤務の者に期末手当を支払うことができるとしている。

このように会計年度任用職員制度は、所定勤務時間の長短により給与体系を違えるなど、労働時間の差異による賃金差別を合法化するものだった。いうなれば非正規公務員を官製ワーキングプアのまま使用することを制度化するものだった。なお、運用段階に入ってからの惨事については後に詳述する。

## 2　市区町村職員の約半数は官製ワーキングプアの非正規公務員

総務省では、二〇〇〇年以降、臨時・非常勤職員に関する実態調査を四回実施している。一回目の調査は二〇〇五年で約四六万人であったものが、二〇一六年の総務省調査では約六四万人で、一九万人、四割以上増加していた。

調査対象の非正規公務員の要件は、ア一回の任期が六月以上、イ週勤務時間が正規職員の週勤務時間の半分以上、ウ四月一日に在職する者であった。

そして、会計年度任用職員制度の施行にあわせ総務省が実施した「地方公務員の会計年度任用職員等の臨時・非常勤職員に関する調査結果（二〇二〇年四月一日現在）」（以下、二〇二〇総務省調査。また数次にわたり実施された総務省の臨時・非常勤調査は、「実施年＋総務省調査」と表記する）では、二〇〇五年以降の調査ではじめて任期や週勤務時間に関わらず、非正規公務員の実数を調べ、全体数は一一二万五七四六人であることを明らかにした。この非正規公務員実数に基づき非正規率を計算すると、地方自治体に勤務する全職員の非正規割合は二九・〇％、このうち町村は四七・一％、市区は四三・五％で、最も住民に身近な地方自治体である市区町村の職員の半数近くが非正規公務員というものだった。（表1参照）。

日本全体の労働者の非正規率は、総務省「労働力調査」（二〇二〇年四月分）によると、非正規の職員・従業員は二〇一九万人、三六％である。同調査における非正規の定義は、「就業の時間や日数に関わりなく、勤め先で『パートタイマー』、『アルバイト』又はそれらに近い名称で呼ばれている人」（「労

**表１　自治体階層別非正規公務員実数と非正規割合（2020.4.1 現在）**

単位：人

| | 任期６月以上かつ１週当たり勤務時間19時間25分以上（A） | 左記要件未満の臨時非常勤職員数（B） | 全非正規公務員実数（A＋B） | 正規公務員数（2020・4・1現在）（C） | 非正規割合（A＋B)/（A＋B＋C） |
|---|---|---|---|---|---|
| 都道府県 | 162,492 | 106,363 | 268,855 | 1,402,744 | 16.1% |
| 政令市 | 70,060 | 49,268 | 119,328 | 348,498 | 25.5% |
| 市区 | 363,993 | 230,009 | 594,002 | 770,396 | 43.5% |
| 町村 | 81,111 | 41,760 | 122,871 | 137,982 | 47.1% |
| 一部事務組合等 | 16,817 | 3,873 | 20,690 | 102,400 | 16.8% |
| 合計 | 694,473 | 431,273 | 1,125,746 | 2,762,020 | 29.0% |

出典）非正規公務員の数値は、総務省「地方公務員の会計年度任用職員等の臨時・非常勤職員に関する調査結果」、正規公務員の数値は総務省「令和２年地方公共団体定員管理調査」（2020年４月１日現在）から筆者作成。

働力調査基礎調査表の記入の仕方」）とあり、労働時間数や雇用期間に係る要件はなく、二〇二〇総務省調査における実数調査の対象者と同じである。つまり市区町村の非正規割合は、日本の労働者の平均非正規率を遥はるかに上回り、「職員の約半数は非正規」という実態なのである。

二〇〇五年から二〇二〇年にかけ、正規公務員は三〇四万人から二七六万人へと約二八万人減少している。特に一般行政部門で一二万人、教育部門一一万人、合わせて二三万人が減少した。この二つの部門は、非正規公務員の大半が属するもので、従前からの要件（任期六月以上、週勤務時間は常勤の半分以上、四月一日在籍）で算定した非正規公務員の増加数が二四万人であることから、非正規公務員が正規公務員の減少分を代替してきたことはあきらかである。

全職員のうち会計年度任用職員実数が半数以上の市区町村数は、一七二一団体中三二六団体で約二割に及び、最も非正規割合が高い長野県小布施町は全職員の六八・六％、十人中七人は会計年度任用職員なのである。また従前要件で、勤務する職員の半数以上が非正規公務員である地方自治体数をカウントすると、二〇二〇年調査では九八自治体に及ぶ（この要件で最も非

**表２　非正規割合の高い自治体　実数ベース順　上位30団体**

| | | | 全会計年度任用職員実数Ａ | 要件満たす会計年度任用職員Ｂ | フルタイム | パート | 正規職員C | 非正規割合（実数）A/(A+C)% | 非正規割合（従前要件）注）B/(B+C)% |
|---|---|---|---|---|---|---|---|---|---|
| 1 | 長野県 | 小布施町 | 223 | 130 | 16 | 114 | **102** | 68.6 | 56.0 |
| 2 | 北海道 | 鷹栖町 | 203 | 141 | 1 | 140 | **99** | 67.2 | 58.8 |
| 3 | 兵庫県 | 福崎町 | 319 | 236 | 43 | 193 | **156** | 67.2 | 60.2 |
| 4 | 長野県 | 箕輪町 | 418 | 262 | 0 | 262 | **206** | 67.0 | 56.0 |
| 5 | 長野県 | 小川村 | 97 | 45 | 1 | 44 | **48** | 66.9 | 48.4 |
| 6 | 鳥取県 | 日吉津村 | 97 | 73 | 50 | 23 | **49** | 66.4 | 59.8 |
| 7 | 長野県 | 朝日村 | 100 | 65 | 2 | 63 | **51** | 66.2 | 56.0 |
| 8 | 長野県 | 小海町 | 129 | 129 | 8 | 121 | **66** | 66.2 | 66.2 |
| 9 | 長野県 | 高山村 | 156 | 138 | 9 | 129 | **80** | 66.1 | 63.3 |
| 10 | 北海道 | 豊頃町 | 159 | 90 | 30 | 60 | **82** | 66.0 | 52.3 |
| 11 | 長野県 | 宮田村 | 187 | 107 | 10 | 97 | **97** | 65.8 | 52.5 |
| 12 | 北海道 | 東川町 | 219 | 205 | 0 | 205 | **115** | 65.6 | 64.1 |
| 13 | 福島県 | 矢祭町 | 106 | 83 | 43 | 40 | **57** | 65.0 | 59.3 |
| 14 | 山口県 | 和木町 | 140 | 86 | 6 | 80 | **76** | 64.8 | 53.1 |
| 15 | 神奈川県 | 松田町 | 209 | 33 | 4 | 29 | **115** | 64.5 | 22.3 |
| 16 | 長野県 | 喬木村 | 135 | 73 | 0 | 73 | **76** | 64.0 | 49.0 |
| 17 | 三重県 | 川越町 | 218 | 121 | 62 | 59 | **123** | 63.9 | 49.6 |
| 18 | 三重県 | 紀宝町 | 218 | 147 | 35 | 112 | **123** | 63.9 | 54.4 |
| 19 | 長野県 | 伊那市 | 1,062 | 689 | 0 | 689 | **608** | 63.6 | 53.1 |
| 20 | 東京都 | あきる野市 | 797 | 303 | 0 | 303 | **460** | 63.4 | 39.7 |
| 21 | 沖縄県 | 宜野座村 | 171 | 166 | 0 | 166 | **100** | 63.1 | 62.4 |
| 22 | 和歌山県 | 太地町 | 97 | 97 | 3 | 94 | **57** | 63.0 | 63.0 |
| 23 | 鹿児島県 | 十島村 | 113 | 51 | 1 | 50 | **67** | 62.8 | 43.2 |
| 24 | 京都府 | 南丹市 | 621 | 385 | 19 | 366 | **373** | 62.5 | 50.8 |
| 25 | 長野県 | 塩尻市 | 946 | 666 | 0 | 666 | **569** | 62.4 | 53.9 |
| 26 | 北海道 | 浦幌町 | 214 | 115 | 35 | 80 | **129** | 62.4 | 47.1 |
| 27 | 岩手県 | 平泉町 | 188 | 112 | 4 | 108 | **114** | 62.3 | 49.6 |
| 28 | 愛知県 | 大府市 | 1154 | 361 | 0 | 361 | **700** | 62.2 | 34.0 |
| 29 | 長野県 | 中川村 | 133 | 74 | 0 | 74 | **81** | 62.1 | 47.7 |
| 30 | 長野県 | 筑北村 | 133 | 114 | 0 | 114 | **81** | 62.1 | 58.5 |

注）要件とは、ア１回の任期６月以上、イ週勤務時間が正規職員の週勤務時間の半分以上、ウ４月１日在職者。

出典）総務省「「地方公務員の会計年度任用職員等の臨時・非常勤職員に関する調査結果（2020年４月１日現在）」、同「令和２年度地方公共団体定員管理調査」（2020年４月１日現在）より筆者作成。

表3　職種別正規・非正規比率　実数ベース（2020.4.1現在）

単位：人

| 職　種 | 全非正規公務員実数 | | | | 正規公務員 | 非正規割合％ |
|---|---|---|---|---|---|---|
| | | 会計年度任用 | 特別職 | 臨時的任用 | | |
| 一般事務職員 | 231,067 | 225,260 | 433 | 5,374 | 759,513 | 23.3 |
| 技術職員 | 10,357 | 9,678 | 201 | 478 | 220,092 | 4.5 |
| 医師 | 100,016 | 13,997 | 85,965 | 54 | 25,873 | 79.4 |
| 医療技術員 | 34,208 | 20,873 | 12,802 | 533 | 54,527 | 38.6 |
| 看護師等 | 40,701 | 40,400 | 48 | 253 | 168,690 | 19.4 |
| 保育士等 | 128,380 | 127,297 | 0 | 1,083 | 97,128 | 56.9 |
| 給食調理員 | 46,337 | 45,971 | 0 | 366 | 20,047 | 69.8 |
| 技能労務職員 | 79,463 | 77,509 | 394 | 1,560 | 79,823 | 49.9 |
| 教員・講師 | 155,083 | 90,509 | 135 | 64,439 | 844,310 | 15.5 |
| 図書館職員 | 23,981 | 23,801 | 11 | 169 | 8,749 | 73.3 |
| その他 | 276,153 | 226,174 | 49,561 | 418 | 483,712 | 36.3 |
| 合計 | 1,125,746 | 901,469 | 149,550 | 74,727 | 2,762,464 | 29.0 |

出典）非正規公務員の数値は、総務省「地方公務員の会計年度任用職員等の臨時・非常勤職員に関する調査結果」（2020年4月1日現在）の個票、正規公務員の数値は総務省「令和2年地方公共団体定員管理調査」（2020年4月1日現在）から筆者作成）

注1）正規公務員の職種の分類については、「地方公共団体定員管理調査結果」の「第4表 職種別職員数」の区分・職員数を再分類したもの。

注2）正規公務員の図書館員は、定員管理調査の司書（補）・学芸員（補）の数値

注3）正規公務員の職種別数値の内、一部事務組合分の職種別人数は、2019年の定員管理調査の数値（2020年での人数は未公表のため）

正規率が高い自治体は長野県小海町で六六・二%）。二〇〇八調査では一七自治体、二〇一二調査では四三自治体、二〇一六調査では九二自治体だったので、この一二年間で五倍強に急増していた。

### 3　職種別非正規率

さらに二〇二〇総務省調査から職種別正規・非正規比率を算出してみると、次のようになる。（表3）

二〇二〇総務省調査のうち会計年度任用職員の実数を職種別にみると、最も人数が多いのは消費生活相談員や女性相談員などの各種の相談員で構成される「その他」に分類されるもので約二二・六万人、次が一般事務職員で二二・五万人、続いて保育士が一二・八万人である。

また正規公務員を含めた全職員数でみると、公立図書館に勤務する図書館員の七三・三％は非正規公務員である。ここには民間事業者が運営している指定管理者や業務委託の図書館は含まれず、いわゆる直営館の状況であり、パートの図書館員が大半を占める指定管理者館等を含めると非正規率は九割近くにまでなる。人手不足が著しい保育士等も、約六割が非正規公務員である。

別の職種別の統計資料を見ると、とりわけ非正規化が進展している相談支援業では、たとえばＤＶ被害にあった女性を支援する婦人相談員の七九％は非常勤（二〇一七年現在）[4]、国家資格化した消費生活相談員では、「定数内職員」といわれる正規公務員は六三人で全体の一・九％に過ぎず、「定数外職員」といわれる非正規公務員の相談員は二七四一人で八一・一％を占める（二〇一九年現在）[5]。

### 4　格差ならびに官製ワーキングプア状況

このように会計年度任用職員をはじめとする非正規公務員は、地方自治体が提供する公共サービスの基幹的職員なのだが、その処遇は会計年度任用職員制度施行後も著しく劣悪なもので、正規職員との間で、著しい格差が生じている。

二〇二〇総務省調査から推計できる年収は、一般事務職員では一八六万七四九六円（平均時給九八三円、平均勤務日数二〇日、平均勤務時間数七時間から推計できる月収は十三万七六二〇円、平均支給期末手当は二一万六〇五六円）で、図書館職員で二〇一万二七二円、消費生活相談員二三五万二七七円。これに対し一般行政職の正規公務員の推定年収は六四四万四一二六円で、三分の一程度の年収水準である。義務教育の会計年度任用職員の非常勤の教員・講師で正規教員の四割強、保育所保育士で約四割、看護師・保健師で四割弱である。非正規の給食調理員と清掃作業員は一般事務職員と並んで賃金水準が

### 表4　職種別正規・非正規年収格差（2020年4月1日現在）

単位：円

| | 非正規公務員 | | | | | | 正規公務員 | | | 格差 X/Y |
|---|---|---|---|---|---|---|---|---|---|---|
| | 推計月収A（a×b×c） | 平均時給a | 平均勤務日数/月b | 平均勤務時間/日c | 平均期末手当支給額B | 年収換算額（A×7.75×21×12月＋B）…X | 月例給与平均額（C） | 期末勤勉手当平均額（D） | 年収換算額（C×12月＋D）…Y | |
| 一般事務職員 | 137,620 | 983 | 20 | 7 | 216,056 | 1,867,496 | 400,860 | 1,630,926 | 6,441,246 | 29.0% |
| 図書館職員 | 149,100 | 1,065 | 20 | 7 | 221,072 | 2,010,272 | | | | 31.2% |
| 消費生活相談員 | 174,312 | 1,614 | 18 | 6 | 258,533 | 2,350,277 | | | | 36.5% |
| 教員・講師（義務教育） | 215,740 | 1,541 | 20 | 7 | 222,266 | 2,811,146 | 409,003 | 1,783,762 | 6,691,798 | 42.0% |
| 教員・講師（義務教育以外） | 202,160 | 1,444 | 20 | 7 | 236,943 | 2,662,863 | 431,414 | 1,869,293 | 7,046,261 | 37.8% |
| 保育所保育士 | 162,260 | 1,159 | 20 | 7 | 278,830 | 2,225,950 | 336,629 | 1,419,449 | 5,458,997 | 40.8% |
| 給食調理員 | 134,995 | 1,015 | 19 | 7 | 221,750 | 1,841,690 | 349,134 | 1,576,832 | 5,766,440 | 31.9% |
| 清掃作業員 | 149,100 | 1,065 | 20 | 7 | 219,464 | 2,008,664 | 407,408 | 1,687,127 | 6,576,023 | 30.5% |
| 看護師 | 169,456 | 1,424 | 17 | 7 | 280,608 | 2,314,080 | 378,048 | 1,455,767 | 5,992,343 | 38.6% |
| 保健師 | 173,859 | 1,461 | 17 | 7 | 253,028 | 2,339,336 | | | | 39.0% |

出典）非正規公務員の数値は2020総務省調査の様式３Ｂ　職種別の給料（報酬）額等の状況より、正規公務員の数値は、総務省「令和２年地方公務員給与実態調査結果」から筆者推計。なお、正規公務員の保育士の数値は福祉職である。

低い部類に入り、したがって同職種の格差は拡大し、三割前後となっている。

　非正規の教員や保育士のなかにはクラス担任を務める者もいる。非正規図書館員では、異動や新規採用で図書館に配置された正規公務員の研修を受けもつ者もいる。消費生活相談員の八割は非正規だが、同職種は明らかな基幹職である。公立保育所に勤務する保育士の半数以上は非正規で、正規保育士の4割の年収水準で、正規保育士と同様の勤務につく。

## 5　間接差別状況

　先に記したように地方自治体に勤務するすべての職員の三人に一人は、臨時・非常勤職員といわれる非正規公務員である。その人数は二〇二〇総務省調査で一一二万人超。このうち労働者性ある臨時・非常勤職員はおよそ百万人。そして、その四分の三は女性である。つまり地方自治体に勤務するすべての職員の少なくとも四人に一人は、官製ワーキングプアの女性非正規公務員なのである（表5参照）。

二〇二〇年度に導入された会計年度任用職員制度は、この女性非正規公務員を不安定雇用の官製ワーキングプアのまま固定した。その結果、制度導入前から指摘されてきたさまざまな格差も、是正されることなく温存されることとなった。

温存された格差とは、同じ質量の仕事をしていても、非正規であるというだけで、その賃金が年収水準で正規の四分の一～三分の一、専門資格職で四割から半分程度となるという説明のつかない不合理な格差のことである。そしてこの賃金格差は、非正規公務員の四人中三人が女性であることからすると、雇用形態の差異を装った男女間の間接差別といえるものである。

性別に着目して賃金の差別があるものを直接差別と言い、一方、見た目は男女間の差ではないが、雇用形態を変えることによってどちらかの性に賃金格差が生じることを間接差別というが、その度合いは民間よりも公務員の方が苛烈である。

表6―1は、二〇二〇年の賃金構造基本統計調査から導き出した民間労働者における男女間および雇用形態間の賃金格差状況である

民間一般労働者（フルタイム）の男性の時給水準は二〇四一円。これに対し、一般労働者（フルタイム）の女性は一五五四円で賃金格差は一〇〇対七六である。これを雇用形態間で比較すると、男性短時間労働者は、男性一般労働者の時間単価の八一％、女性短時間労働者は、女性一般労働者の時間単価の八五％の水準である。男性一般労働者の時間単価を分母にすると女性短時間労働者のそれは六五％の水準である。

地方公務員では、正規公務員の男女間の賃金化格差は、男性一〇〇に対し女性八九で、民間の男女間賃金格差よりも小さい。ところが雇用形態間格差は民間よりも、格差は拡大している。（表6―2）

## 表５　臨時・非常勤職員の女性割合（2020.4.1現在）

| | 任用期間が６月以上かつ１週間当たり19時間25分以上 | | | 任用期間が６月未満又は１週間当たり19時間25分未満 | | | 総計（実数ベース） | | |
|---|---|---|---|---|---|---|---|---|---|
| | | 女性 | 女性割合 | | 女性 | 女性割合 | | 女性 | 女性割合 |
| 会計年度任用職員 | 622,306 | 476,403 | 77% | 279,163 | 215,153 | 77% | 901,469 | 691,556 | 77% |
| 臨時的任用職員 | 68,498 | 40,132 | 59% | 6,229 | 3,949 | 63% | 74,727 | 44,081 | 59% |
| **※労働者性ある非正規公務員** | **690,804** | **516,535** | **75%** | **285,392** | **219,102** | **77%** | **976,196** | **735,637** | **75%** |
| 特別職非常勤職員 | 3,669 | 854 | 23% | 145,881 | 28,734 | 20% | 149,550 | 29,588 | 20% |
| 合　計 | 694,473 | 517,389 | 75% | 431,273 | 247,836 | 57% | 1,125,746 | 765,225 | 68% |

出典）地方公務員の会計年度任用職員等の臨時・非常勤職員に関する調査結果（2020年４月１日現在）の個票より筆者作成

## 表６－１　民間労働者男女間および雇用形態間の賃金格差状況　2020

単位：円、％

| 民間労働者 | | 一般労働者 | | | | 短時間労働者 | 賃金格差 | |
|---|---|---|---|---|---|---|---|---|
| | | 所定内給与 | 所定内勤務時間 | 時間単価 | | C | C/A | C/B |
| 賃金額 | 男性 | 338,800 | 166 | 2,041 | A | 1,658 | 81 | 107 |
| | 女性 | 251,800 | 162 | 1,554 | B | 1,321 | 65 | 85 |
| 男女間賃金格差（男性＝100） | | 74 | 98 | 76 | | | | |

出典）一般労働者については、厚生労働省「令和２年賃金構造基本統計調査」第１表「年齢階級別きまって支給する現金給与額、所定内給与額及び年間賞与その他特別給与」、短時間労働者については、同雇用形態別第1表「短時間労働者の雇用形態、年齢階級別１時間当たり所定内給与額及び年間賞与その他特別給与額」より筆者作成。いずれも企業規模計10人以上、学歴計。

## 表６－２　地方公務員男女間および正規・非正規間の賃金格差状況　2020

単位：円、％

| 地方公務員 | | 一般労働者 | | | | 短時間労働者 | 賃金格差 | |
|---|---|---|---|---|---|---|---|---|
| | | 所定内給与 | 所定内勤務時間 | 時間単価 | | C | C/A | C/B |
| 賃金額 | 男性 | 358,883 | 158 | 2,271 | A | 983 | 43 | 49 |
| | 女性 | 318,788 | | 2,018 | B | | | |
| 男女間賃金格差（男性＝100） | | 89 | 100 | 89 | | | | |

出典）正規公務員については、「平成30年地方公務員給与実態調査結果（平成30年４月１日）」第１表の１「団体区分別、男女別、会計別、職種別職員数及び平均基本給月額」のうち、一般行政職の男女別平均基本給月額（給料＋扶養手当＋地域手当）、所定勤務時間は、2018年の年間官庁執務日数である245日と１日の所定内勤務時間の7.75時間で除して計算した。会計年度任用職員の賃金額は、総務省「地方公務員の会計年度任用職員の臨時・非常勤職員に関する調査結果（2020年４月１日時点）」様式３Ｂ　職種別の給料（報酬）額等の状況から算定した事務職員の時間換算単価より。

男性正規公務員の時間単価が二二七一円、女性正規公務員の時間単価が二〇一八円と推計されるのに対し、会計年度任用職員の一般事務職の時給水準は、わずかに九八三円である。したがって正規公務員と会計年度任用職員の賃金格差は、四三〜四九％で半分弱となる。つまり雇用形態の差異による間接差別状況は、民間よりも公務の方が大きいのである。

日本の公務員賃金が民間労働者の賃金に比してどれほどのプレミアムを有するかを分析した研究でも、女性フルタイムの公務員賃金は民間の女性フルタイム労働者よりも一〇％という高い水準のプレミアムがあり、公務部門は民間部門よりも男女差別が小さいように見えるが、「男性と比べ、女性の公的部門労働者の多くが低い賃金率のパートタイマーとして雇用されていることを考えると雇用形態による男女間の間接差別が存在する可能性を考慮する必要がある」と指摘されている(6)。

率先垂範すべき立場の地方自治体の使用者のこのような振る舞いは、同一労働同一賃金施策につきあわされる民間経営者に対して、「公務員がこういう状態なのだから，やらなくていい」というメッセージとなって伝わる。男女間賃金格差が小さいと言われていた公務員でさえ民間以上の雇用形態格差が放置されているわけだからである(7)。

## 二　非正規化はなぜ生じたのか

### 1　非正規化の三パターン　代替型・補充型・新規需要型

地方自治体が提供する公共サービスの従事者の非正規化は急速に進展した。

そもそも非正規公務員は、いかなる要因をもってこれほど増えてきたのだろうか。

地方公務員数のピークの年は一九九四年で、全自治体で三二八万二四九二人を数えた。一方、非正規公務員数に関わる国の調査は行われておらず、唯一、全日本自治団体労働組合（自治労）の組織基本調査があり、一九九四年の同調査では、全国の臨時・非常勤職員数について二三万四五六七人と報告している[8]。両報告を対比させると、一九九四年の正規：非正規の割合は、およそ九三対七である。

一九九四年を起点とすると、正規公務員数は、二〇二〇年までの二六年間で五二万人減少し、一方、臨時・非常勤職員数は、概ね四六万人が増加した。非正規公務員は、正規公務員の定員削減を補い、かつ、正規公務員採用の抑制基調のなかで、新たな行政需要に対処するために、積極的に増やされてきた。その増加パターンは、以下の三つに分類できる。

**代替型**

第一に、急速に非正規公務員が増加しているのには、正規公務員から非正規公務員への置き換えが進んでいるからである。ここではこの現象を代替型と呼ぶこととする。代替型の背景には、地方自治体の財政ひっ迫の影響から公務員が減り続けてきたという問題がある。

**補充型**

第二に、既存の公共サービスに係る行政需要は増えているという問題がある。増加する行政需要に対し、正規公務員ではなく非正規公務員を充てる方法を、ここでは補充型と呼ぶこととする。

たとえば保育サービスである。少子化なのに、認可保育園に入れない待機児童が大量に発生しているという問題である。待機児童発生のもとで、保育園と保育士が足りないという状況が露呈し、正規職の保育士ではなく、非正規の保育士を配置するという方法が取られてきた。

さらに生活保護ケースワーカー（以下、ＣＷと表記）である。社会の貧困化の中で生活保護受給者が急増した。法律上は、ＣＷ一人が担当する生活保護世帯数は福祉事務所設置市では80世帯が標準だが、それで済ませられる地方自治体はほとんど無く、まずは生活保護の決定・廃止に関与しない面接相談業務を非正規化し、その分の正規職員を訪問調査にあたる地域担当ＣＷに充てるほか、それでも人員が不足する場合は、ＣＷそのものも非正規公務員で補充するようになる。たとえば釧路市は、「地域生活支援員」という名称の非常勤ＣＷを採用し、軽易ケースに該当する高齢保護世帯を中心に二五〇～二八〇ケースを受け持たせている。東京の八王子市でも、二〇〇六年度に正規公務員のＣＷ一人が受け持つ保護利用世帯数が一五七世帯となり、同年から、満六五歳以上の高齢保護世帯を訪問して生活保護業務を実施する非正規公務員の「訪問等専門員」を配置することになった。

**新規需要型**

新たな公共サービス需要に対し、正規公務員を配置するのではなく、最初から非正規公務員を採用して配置するものである。相談支援業務はこの典型例である。たとえば先にも指摘した消費生活相談員では、「定数外職員」といわれる非正規公務員の相談員は二七五三人で、八二・八％を占める。つまり消費生活相談行政は、圧倒的に非正規公務員によって担われている。(9)

## 2　非正規化をもたらした一般財源化

非正規化の背景には、自治体財政当局の動機も隠されていた。特に国庫補助金が一般財源化された分野では、当該公共サービス分野の職員の非正規化が積極推進されたのである。

たとえば二〇〇四年度から始まった三位一体改革のもとで、公営保育所の保育士の非正規化が促進した。それまでは公立・私立を問わず、保育所運営費という国庫負担金が支出されてきたのが、三位一体改革により公立保育所運営費が廃止され、一般財源化＝地方交付税化した。財政逼迫に喘いでいた多くの自治体は、使途が限定されなくなったことをきっかけに正規を非正規に切り替えて人件費部分を節減し、別の予算項目に付け替えていった。日本保育協会が二〇〇七年に実施したアンケート調査でも、回答した市の五九・四％が人件費を圧縮したとしている。このあおりを受けたのが、従来の正規保育士と同じ仕事内容を提供する、年収二〇〇万円前後の常勤的非常勤保育士たちだった。

表7の左列（A）は、厚生労働省「社会福祉施設等調査」における公営保育所の専任・常勤的非常勤保育士の推移である。非常勤職員でも「常勤的に業務に従事していれば、身分的には非常勤職員であっても専任」（「社会福祉施設等調査報告」の用語の解説より）として把握されてきた。すなわち、ここには常勤の正規保育士と非正規の常勤的非常勤保育士が含まれる。そして公営保育所の専任・常勤的非常勤保育士のピークは二〇〇三年の一三万三九九人で、その後減少している。

一方、総務省「地方公共団体定員管理調査」によって把握できる地方公務員の正規の保育所保育士の人数（B）は減少基調が続いている。総務省調査の対象は正規公務員のみなので、専任・常勤的非常勤保育士（A）から正規公務員保育士（B）を差し引くと、非正規の常勤的非常勤保育士の人数が導き出される（C）。

一九九三年に初めて数字として現れ、一九九八年と二〇〇〇年に定員超過入所の規制が緩和したことに対処するため、常勤的非常勤の積極採用が行われたことから、一九九九年には一万人を超え、二年後の二〇〇一年には二万人を超えている。二〇〇二年には、厚労省が非常勤保育士は保育士総数の二割以内とする規制を撤廃し、翌二〇〇三年には五三三七人の増加。そして三位一体改革がはじまると代替型が進行し、一般財源化完了の二〇〇六年には三万人を超えた。一〇年で七倍増である。

二〇二〇年の会計年度任用職員制度の発足に際しても、多くの自治体が期末手当支給分の月例給を減

表７　公営保育所の保育士の推移

| 年 | 専任・常勤的非常勤保育士 | | 正規公務員保育士 | | 常勤的非常勤保育士 A－B | |
|---|---|---|---|---|---|---|
| | （A、人） | 対前年増減率（％） | （B、人） | 対前年増減率（％） | （C） | 対前年増減数（人） |
| 1996 | 110,267 | 1.39 | 106,229 | ▲0.15 | 4,038 | 1,670 |
| 1997 | 112,628 | 2.14 | 106,257 | 0.03 | 6,371 | 2,333 |
| 1998 | 115,775 | 2.79 | 105,830 | ▲0.40 | 9,945 | 3,574 |
| 1999 | 118,604 | 2.44 | 105,680 | ▲0.13 | 12,914 | 2,969 |
| 2000 | 122,778 | 3.52 | 105,017 | ▲0.64 | 17,761 | 4,847 |
| 2001 | 125,568 | 2.27 | 104,516 | ▲0.48 | 21,052 | 3,291 |
| 2002 | 125,861 | 0.23 | 104,551 | 0.03 | 21,310 | 258 |
| 2003 | 130,399 | 3.61 | 103,752 | ▲0.76 | 26,647 | 5,337 |
| 2004 | 127,387 | ▲1.96 | 102,240 | ▲1.46 | 25,597 | ▲1,050 |
| 2005 | 128,211 | 0.29 | 100,090 | ▲2.10 | 28,121 | 2,524 |
| 2006 | 126,687 | ▲1.19 | 96,460 | ▲3.63 | 30,227 | 2,106 |

（注）専任・常勤的非常勤保育士は10月１日基準、正規公務員保育士は４月１日基準
出典）専任・常勤的非常勤保育士は厚労省「社会福祉施設等調査」、正規公務員保育士は総務省「定員管理調査」より筆者作成

額する措置を講じたが、これは期末手当支給に充当すべき地方交付税を浮かせて他の費目に流用したためと考えられる。上記の保育所運営費の一般財源化を契機とする非正規化の促進も含め、一般財源化と非正規化が、財政ひっ迫を緩和するための「埋蔵金」として使われている疑念を抱かせる。

### 3　専門職・資格職の非正規化　相談支援業務を中心に

非正規公務員が増大してきた背景には、一義的には、公務員の定数削減と行政需要の拡大という問題があった。これがベースである。新規行政需要では、とりわけ二〇〇〇年以降に急速に地方自治体に義務付けられた相談支援業務が非正規化してきた。

相談支援業務は専門領域に関わる事項が多く、このため当該業務に携わる者は、専門性とそれを裏打ちするための資格職としての性格が備わる。

一方、正規職員の人事制度は異動を前提とし、仮

に研修費用をかけて資格を取らせても、資格を活かせる業務に留まることは期待されていない。したがって、専門性や資格職性を伴う相談業務は、異動を前提とする人事制度と相容れないものとなり、畢竟、異動することのない非正規職とならざるを得ず、むしろ労働市場からスポット的に調達するほうが、即戦力としての期待にも適うことになる(10)。

相談支援という業務は、社会が変動期に入り、人々がそれに対応できず危機を迎えた時に生じる。つまり社会変動と相談支援業務は連動する。

現行法規において、条文中に相談という用語を使用している法律の制定数を、ほぼ一〇年ごとにまとめてカウントすると、敗戦後の混乱・復興期を含む一九四五〜一九五九年には、「相談」を条文中に記載する法律は六八本、その後、高度成長期の一九六〇年代、低成長期といわれる一九七〇年代、そしてバブル期を含む一九八〇年代は、それぞれ二七本、一四本、一五本と、他の時期に比べて少ない。ところがバブルが崩壊し、アジア通貨危機が起こり（一九九七年）、自殺者がはじめて三万人を超え（一九九八年）、就職氷河期を迎えた一九九〇年代には三三本に一気に拡大し、その後も、失われた二〇年という時代のなかで、貧困と格差が同時進行する「分断の時代」を迎えると、「相談」という用語を条文中に規定する法律制定数はさらに増加し、二〇〇〇年代に五七本、二〇一〇年代に五四本となる。

戦後七五年間に制定された現行法規の法律中、「相談」を条文中に規定する法律本数は、二〇一九年末現在で合計二六八本。このうち四割超の一一一本は二〇〇〇年以降の約二〇年間に制定されている(11)。また合計二六八本のうち、市区町村に相談の役割を義務付けている法律は一七六本で六割以上に上り、この約三分の一の五四本が二〇〇〇年以降に制定されている。

そして、行政需要が高まるけれど、異動を前提とした職員配置では行政水準を保てず、したがって

図１　「相談」を条文に含む法律制定数推移

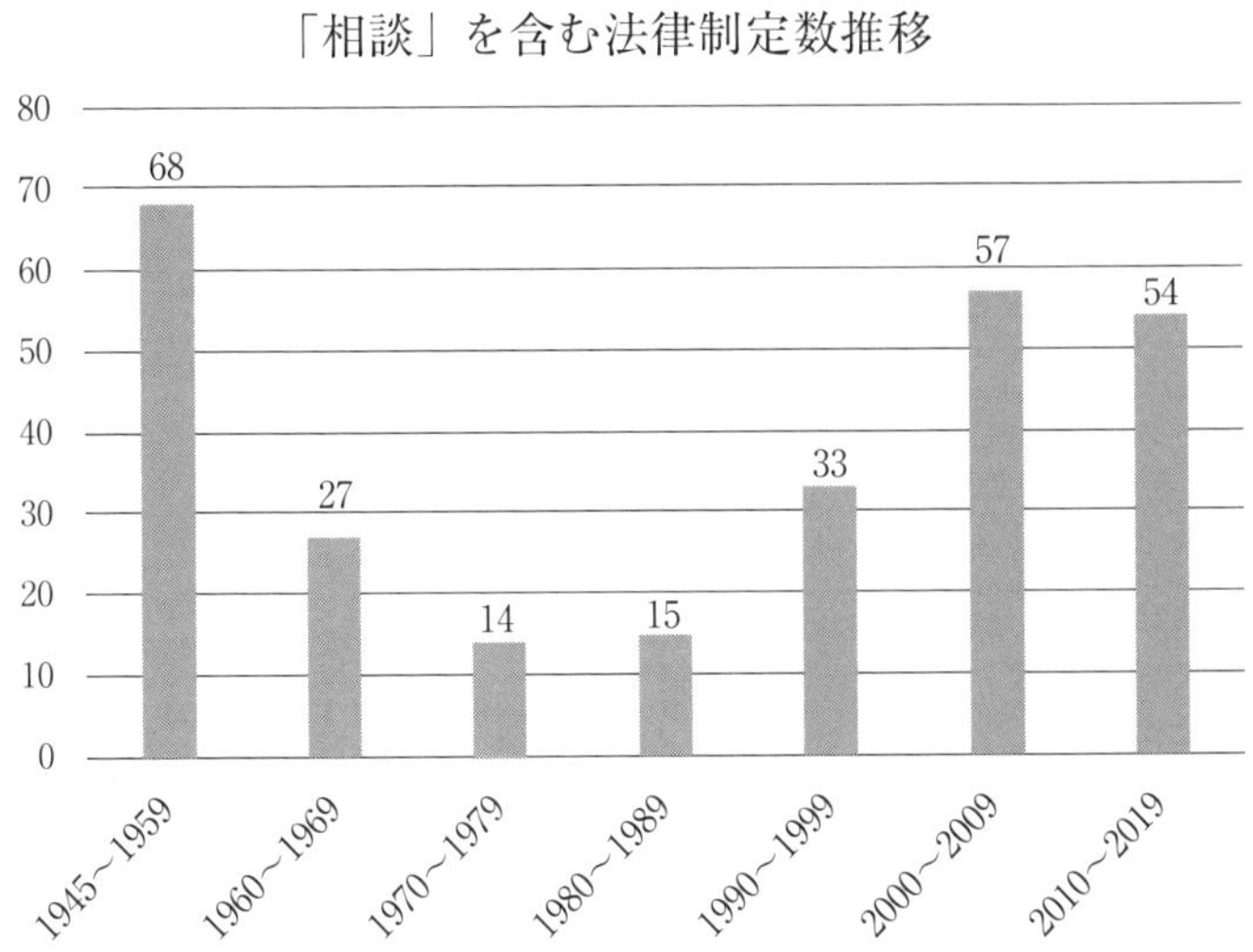


出典）「e－Gov 法令検索」の法令用語検索から筆者作成（2021年６月13日閲覧）
注１）1990年代の制定法律から、中央省庁改革関連設置法（７法律）を除いた。
注２）2000年代の制定法律から、独立行政法人設置関連法（５法律）を除いた。

ジョブ型雇用にならざるを得ない相談業務は非正規化の典型例となっていた。

### 家庭児童相談員

さらに業務経験年数の長い者ほど、任期1年以内の非正規公務員であるという事実が加わる。

児童虐待相談の第一義窓口であるはずの市町村の虐待対応担当窓口等の状況調査から確認してみよう（表8参照）。

二〇一八年度の市区町村の虐待対応窓口の職員九三〇九人の六三％、すなわちほぼ三人に二人にあたる五八七一人の窓口職員は業務経験年数三年未満で、正規公務員に限ってみると、六四三八人中四二九二人（六七％）は業務経験年数三年未満の職員である。これ

表８　2018年度　市町村虐待担当窓口の運営状況調査結果

| | 配置人数 | 正規・非正規別 | | % | 業務経験年数３年未満 | | | | | | 業務経験年数３年以上 | | | | |
|---|---|---|---|---|---|---|---|---|---|---|---|---|---|---|---|
| | | | | | 6月未満 | 6月～1年未満 | 1～2年未満 | 2～3年未満 | 3年未満計 | 割合 | 3～5年未満 | 5～10年未満 | 10年以上 | 3年以上計 | 割合 |
| 指定都市・児童相談所設置市 | 1,470 | 正規 | 1,118 | 76.1 | 221 | 15 | 254 | 215 | 705 | 80.0 | 185 | 150 | 78 | 413 | 70.1 |
| | | 非正規 | 352 | 23.9 | 49 | 10 | 55 | 62 | 176 | 20.0 | 57 | 76 | 43 | 176 | 29.9 |
| 市・区人口30万人以上 | 1,021 | 正規 | 622 | 60.9 | 171 | 20 | 125 | 88 | 404 | 63.3 | 110 | 83 | 25 | 218 | 56.9 |
| | | 非正規 | 399 | 39.1 | 77 | 21 | 80 | 56 | 234 | 36.7 | 61 | 76 | 28 | 165 | 43.1 |
| 市・区人口10万以上30万人未満 | 1,670 | 正規 | 987 | 59.1 | 246 | 45 | 251 | 139 | 681 | 63.3 | 181 | 109 | 16 | 306 | 51.5 |
| | | 非正規 | 683 | 40.9 | 152 | 41 | 123 | 79 | 395 | 36.7 | 105 | 120 | 63 | 288 | 48.5 |
| 市・区人口10万人未満 | 2,458 | 正規 | 1,325 | 53.9 | 333 | 94 | 326 | 219 | 972 | 62.7 | 203 | 132 | 18 | 353 | 38.9 |
| | | 非正規 | 1,133 | 46.1 | 207 | 47 | 193 | 132 | 579 | 37.3 | 202 | 218 | 134 | 554 | 61.1 |
| 町 | 2,251 | 正規 | 1,985 | 88.2 | 412 | 150 | 456 | 290 | 1,308 | 88.6 | 301 | 207 | 169 | 677 | 87.4 |
| | | 非正規 | 266 | 11.8 | 50 | 23 | 57 | 38 | 168 | 11.4 | 40 | 40 | 18 | 98 | 12.6 |
| 村 | 439 | 正規 | 401 | 91.3 | 43 | 43 | 75 | 61 | 222 | 89.2 | 52 | 60 | 67 | 179 | 94.2 |
| | | 非正規 | 38 | 8.7 | 7 | 7 | 8 | 5 | 27 | 10.8 | 7 | 1 | 3 | 11 | 5.8 |
| 合計 | 9,309 | 正規 | 6,438 | 69.2 | 1,426 | 367 | 1,487 | 1,012 | 4,292 | 73.1 | 1,032 | 741 | 373 | 2,146 | 62.4 |
| | | 非正規 | 2,871 | 30.8 | 542 | 149 | 516 | 372 | 1,579 | 26.9 | 472 | 531 | 289 | 1,292 | 37.6 |

出典）厚生労働省「平成30年度市町村の虐待対応担当窓口等の状況調査」を筆者加工

は正規公務員が、三年程度で異動することが影響しているものと考えられる。(12)

その一方で、業務経験は、任期一年で雇止めの危機に常に晒されている非正規公務員に蓄積されている。個別の自治体では様相が異なるのだろうが、区分別にまとめてみると、児童相談所がある指定都市・中核市を除くすべての市区で、一〇年以上の業務経験を有する職員は、非正規が正規を人数の上で上回る。人口一〇万人未満の市・区では、経験年数三年以上の職員の六割以上が、任期一年のベテランの非正規公務員なのである。

二〇〇四年の児童福祉法改正の折の国会審議の中で、同法一〇条四項として、「市町村は、この法律による事務を適切に行うために必要な体制の整備に努めるとともに、当該事務に従事する職員の人材の確保及び資質の向上のために必要な措置を講じなければならない」という条文が付加されていた。だが、二〇〇四年の児童福祉法改正で児童相談に関する市町村の位置づけが大きく転換したにもかかわらず、専門的技術を

表９　児童福祉司の業務経験年数別の人員構成割合

| | 2011年 | 2012年 | 2013年 | 2014年 | 2015年 | 2016年 | 2017年 | 2018年 | 2019年 | 2020年 |
|---|---|---|---|---|---|---|---|---|---|---|
| １年未満 | 16% | 15% | 17% | 13% | 15% | 17% | 14% | 18% | 20% | 23% |
| １～３年 | 29% | 29% | 28% | 28% | 26% | 26% | 26% | 23% | 29% | 28% |
| ３～５年 | 19% | 19% | 17% | 18% | 18% | 18% | 17% | 16% | 16% | 16% |
| ５～10年 | 23% | 24% | 24% | 24% | 25% | 23% | 25% | 26% | 21% | 20% |
| 10年以上 | 13% | 14% | 14% | 16% | 17% | 17% | 17% | 14% | 15% | 13% |

| | | | | | | | | | | |
|---|---|---|---|---|---|---|---|---|---|---|
| ０～３年 | 45% | 44% | 45% | 41% | 41% | 43% | 40% | 41% | 49% | 51% |
| １～５年 | 48% | 48% | 45% | 46% | 44% | 44% | 43% | 39% | 45% | 44% |
| ０～５年 | 64% | 63% | 62% | 59% | 59% | 61% | 57% | 57% | 65% | 67% |
| ５～10年 | 23% | 24% | 24% | 24% | 25% | 23% | 25% | 26% | 21% | 20% |
| 10年以上 | 13% | 14% | 14% | 16% | 17% | 17% | 17% | 14% | 15% | 13% |

出典）各年度の全国児童福祉主管課長・児童相談所長会議資料から筆者作成
注１）端数の関係で、合計が100%にならない場合がある。
２）2012～2016年は、所長・次長・スーパーバイザーであって児童福祉司の発令を受けている者を含み、任用予定者、非常勤を除く。
３）2017年は、所長・次長・スーパーバイザー・里親養育支援担当者であって児童福祉司の発令を受けている者を含み、任用予定者、非常勤を除く。
４）2018年は、所長・次長・スーパーバイザー・里親養育支援担当者であって児童福祉司の発令を受けている者、任用予定者、非常勤を含む。
５）2019年は、所長・次長・スーパーバイザー・里親養育支援担当・市町村支援担当であって児童福祉司の発令を受けている者、任用予定者、非常勤を含む。

要する職員は、役所内の広範な異動になじまないことを理由にして、職務限定の非正規職としての採用で済まされてきた。

## 素人による児童相談所の運営

ジョブローテーションを前提とする公務員人事の弊害について、児童相談所の児童福祉司の状況を取りあげて、ここで触れておくこととする。（表９参照）

増加する児童虐待相談や虐待事例に対応するため、たしかに都道府県・政令市・児童相談所設置自治体は、児童相談所の人員確保に動いている。だがその結果、勤続年数三年未満の児童福祉司が五一％、業務経験五年未満では六七％を占めるようになってしまった。

児童福祉司は国家資格ではなく、児童福祉法一三条三項に列挙された要件を満たした者の中から配置される任用資格である。二〇一九年度の児童福祉司の任用資格状況をみると、「大学で関連科目の単位を取得」「社会福祉主事経験」というわゆる三科目主事や「同等以上の能力を有すると認められる」という、これら専門性があるとは言い切れない任用要件で児童福祉司として任命される者が、これも四八％を占めている。(13)

## 三　失望と落胆の会計年度任用職員制度

二〇二〇年四月一日、新型コロナウイルスが世界を震撼させるなかで、新たな非正規公務員制度である会計年度任用職員制度が始まった。しかしながらこの新たな制度は、多くの非正規公務員に失望と落胆をもたらした。

それは会計年度任用職員制度を定めた二〇一七年の地公法・自治法改正が、「不安定雇用者による公共サービス提供」を法定化するもので、労働時間による差別を合法化するとともに、無期転換申入権を付与しないまま有期雇用の非正規公務員を雇うこととしたため、解雇に準ずべき雇止めをも是認する「偽装解雇」の合法化だったからである。

このような劣悪な改正法を下敷きにして各自治体で進められてきた会計年度任用職員の制度化は、その過程において、月例給の減額や雇止めの頻発という事態を招いた。処遇は改善されるどころか、官製ワーキングプアが一層進展した。

### 1　パート化圧力―労働時間差別の露見

会計年度任用職員制度への移行に際して、パート化圧力が高まった。

移行前の二〇一六総務省調査では、非正規公務員のフルタイム勤務者は二〇万人超でパートタイム勤務者との比率は三一・五：六八・五、すなわち三人に一人はフルタイム非正規公務員、いわゆる常勤的非常勤だった。

ところが会計年度任用職員制度へ移行すると、フルタイム勤務者は一三万八一〇九人（会計年度任用職員六万九六一一人、臨時的任用職員六万八四九八人）、二〇一六総務省調査と同様に要件ベースではパートタイム勤務者は五五万六三六四人（会計年度任用職員五五万二六九五人、特別職非常勤職員三六九八人）となり、その比率はフルタイム一九・九：パートタイム八〇・一で、五人に一人がフルタイムへと減少した。さらに会計年度任用職員だけをとりだせば、フルタイム一一・二：パートタイム八八・八となる。会計年度任用職員のフルタイムは、一〇人に一人まで減少した（表10）。

なぜパート化圧力が高まったのか。

総務省が各自治体に通知している退職手当条例準則に従えば、フルタイムで一年（条例附則では六月以上）を超えて継続勤務すると、臨時・非常勤職員であっても退職手当請求権が発生する。実際、一年任期のフルタイム勤務の臨時教員には、毎年、退職手当が支給されてきた。

この退職手当請求権の発生を避けるために、これまで地方自治体は、更新前の任期と更新後の新たな任期との間に一定の勤務しない期間＝「空白期間」を設け、見かけ上、一年を超えないようにしてきた。ところが改正地公法は、二二条の二第六項を新設し、会計年度任用職員の任期について「職務の遂行に必要かつ十分な任期を定め」「必要以上に短い任期を定めることにより、採用又は任期の更新を反復して行うことのないよう配慮しなければならない」と規定した。総務省はこの規定により、「空白期間」を置かない運用となると説明する。

**表10　非正規公務員のフルタイム・パート割合**

単位：人

| | | 2020・4・1現在 | % | 2016・4・1現在 | | % |
|---|---|---|---|---|---|---|
| フルタイム | 会計年度任用職員 | 69,611 | (11.2) | 一般職非常勤職員 | 31,599 | |
| | 特別職非常勤職員 | 0 | | 特別職非常勤職員 | 18,495 | |
| | 臨時的任用職員 | 68,498 | | 臨時的任用職員 | 152,670 | |
| | 合計 | 138,109 | 19.9 | 合計 | 202,764 | 31.5 |
| パートタイム | 会計年度任用職員 | 552,695 | (88.8) | 一般職非常勤職員 | 135,434 | |
| | 特別職非常勤職員 | 3,669 | | 特別職非常勤職員 | 197,305 | |
| | 臨時的任用職員 | 0 | | 臨時的任用職員 | 107,628 | |
| | 合計 | 556,364 | 80.1 | 合計 | 440,367 | 68.5 |
| 総計 | | 694,473 | 100.0 | | 643,131 | 100.0 |

出典）地方公務員の会計年度任用職員等の臨時・非常勤職員に関する調査結果（2020年4月1日現在）を筆者加工

そこで「空白期間」を置けないのであればパートという勤務形態で採用し、退職手当請求権の要件を満たさないようにしたのである。

## 2　期末手当支給分の月例給を下げる措置―地方交付税の流用

会計年度任用職員制度の導入により、非正規公務員の処遇がむしろ「悪化」する事態も生じた。期末手当支給相当分の月例給が減額され、年収さえも維持できないというものである。

二〇二〇総務省調査に合わせて実施された施行状況調査では、「給料（報酬）水準が、制度導入前の報酬の水準に比べて減額となった職種があるか」を地方自治体に尋ね、回答団体数二九六〇団体中、七〇三団体、二三・八％で、月例給水準減額の措置を実施したと回答している。だが団体数を基にした数値では、意図したものかどうかはともかく、実態を正確に表わしていない。故意に少なく見せるという印象操作との疑念さえを持つ。

それは第一に、一部事務組合等を含んだ数字だからである。一部事務組合等は団体数こそ多いものの正規も非正規も少ない。また一部事務組合等で非正規公務員を採用していない団体は、二〇二〇総務省調査の個票から計算すると、回答した一四八四団体中六八六団体で約二分の一に及ぶ。したがって一部事務組合等の回答団体数には少なからず非正規公務員を採用していない団体が含まれているものと推測される。

このような非正規公務員数が極端に少ない一部事務組合等を含んで団体数でカウントするのは、月例給減額措置の影響を少なく見せかける効果がある。

**表11　給料（報酬）水準減額をした団体数**

| | | 回答団体数 | 減額となった職種がある団体数 | |
|---|---|---|---|---|
| | | | | % |
| 都道府県 | 47 | 47 | 25 | 53.2% |
| 政令市 | 20 | 20 | 10 | 50.0% |
| 市区 | 815 | 795 | 298 | 37.5% |
| 町村 | 926 | 926 | 205 | 22.1% |
| 一部事務組合等 | 1,464 | 1,172 | 165 | 14.1% |
| 合計 | 3,272 | 2,960 | 703 | 23.8% |

出典）総務省「会計年度任用職員制度の施行状況等に関する調査（2020年４月１日現在）」を筆者加工

同時に、団体数としては「一」とのみカウントされる都道府県や政令市は、非正規公務員数の採用人数が多いだけでなく、減額措置をした団体も過半数以上であり、これも団体数にもとづく数値では、その影響は推し量れない。（表11参照）

さらに問題となるのは、減額した理由で、月例給を減額させた自治体のほとんどが、「①マニュアルに基づき適正化したため」と回答しているのである。

マニュアルとは、会計年度任用職員の導入にあたり総務省が各地方自治体に示した「会計年度任用職員制度の導入等に向けた事務処理マニュアル」(14)のことで、そこでは、①初年度の報酬は、各給料表一級の初号給（一級一号給）というもっとも安い金額を基礎とし、②更新ごとに経験年数分の号給（標準的には一年につき四号給）を上積みするものの、③経験年数調整の上限を大卒初任給基準額（行政職給料表であれば一級二五号給相当水準）に設定することを助言していたのである。
いわば総務省のマニュアルは、月例給の引き下げの口実を自治体に授けたのである。

### 3　公募試験による雇止め―制度化されたパワハラ

制度発足を前に、ベテランの非正規公務員を雇止めする事例も相次いだ。山陰地方のある自治体では、非正規公務員の組合運動を主体的に担ってきた当事者数人が、移行時に実施された採用試験の成績が悪かったとして、次年度の任用を打ち切られた。

雇止めが頻発したのは、制度導入にあわせ、在職者も一般求職者とともに公募試験を受けさせられ、試験に合格しないと雇用が継続できないとする公募制度が導入されたからである。マニュアルもこのような措置を推奨してきた。

公務員には労働契約法が適用されない。したがって、長年雇われていても無期転換申入権は発生しない。にもかかわらず公募試験制度が導入されるのは、有期雇用の公務員においても、損害賠償請求の対象となる雇用継続の期待権が生じることが裁判上明確となっているからである(15)。そこで、雇用継続における手続きを取ったという外形を整えるために公募試験を強制し、そしてあろうことか、試験を口実に、三年程度で異動する正規公務員よりも一つの部署で長く勤務し、業務遂行能力を高めて疎ましい存在となった非正規公務員を、この際とばかりに雇止めする事例が頻発したのである。

さらには先の山陰の事例は、組合の主導的人物を真っ先に雇止めするなど、労働組合法が適用されていれば不当労働行為に該当する事例であるが、会計年度任用職員は一般職の地方公務員で地公法が全面的に適用され、同法五八条により労働組合法や労働関係調整法等が適用除外となる。地公法が非適用だった特別職非常勤であれば活用できた労働委員会への申し立ても、今はできない。つまり会計年度任用職員制度とは、労働基本権剝奪の法定化でもあったのである。

### 4　「職」の整理という名の排除

さらに、仕事上で果たしてきた役割を制限する動きも生じた。

たとえば関東地方の男女共同参画センターで六年以上にわたり課長待遇のセンター長として勤務してきた特別職非常勤のある女性は、昨年度末をもって雇止めすると通告された。また同じく関東地方の女性関連施設で勤務すること一〇年目の特別職非常勤のコーディネーターは、雇止めこそ免れたものの、コーディネーターという役割から外されることになった（その後、彼女は、自ら職を辞した。一〇年勤めても退職金はない。非常勤には支給しない仕組みになっているからだ）。

なぜこんなことが起こるのか。それは、制度開始にあわせ「職」の整理をなすべきという「御達し」があったからである。

マニュアルでは、特別職として任用することが可能な職は、学校医が典型例であるように、専門的な知識経験等を有する者が就く職であって、当該知識経験等にもとづき、助言、調査、診断等を行なう職であり、労働者性が低い者が就く職が該当し、およそ任命権者またはその委任を受けた者の指揮監督下で行なわれる事務職などは、特別職が従事すべき職ではないとした。では会計年度任用職員にすればいいではないかということになるが、それもできない。会計年度任用職員が従事すべき職は、同じくマニュアルによれば、「組織の管理・運営自体に関する業務や、財産の差押え、許認可といった権力的業務」以外の仕事で、会計年度任用職員の身分のまま、管理職や事業の運営を指揮するコーディネーターのような業務には就けない。だから雇止め、だから役割限定と短絡されている。

どの自治体も、非正規公務員に依存している。とりわけ男女共同参画のような女性支援業務や、消費生活相談、ドメスティック・バイオレンス（ＤＶ）等の女性相談、家庭児童相談などの相談支援業務は、定員枠が適用されないため、非正規公務員をもって展開されてきた。消費生活相談員や女性相談員の八割が非正規なのは、このためである。

## 5　公務員の非正規化とその影響～女性を正規で雇わない国家の末路

非正規化は女性職種化を伴って進展した。先にも指摘したように、臨時・非常勤職員と呼ばれる非正規公務員の七五％、会計年度任用職員に限定すればその九割は女性である。しかも、女性非正規公務員は、正規公務員が退出した後の代替として補充されただけでなく、相談支援業務のような一定の職種では「端から非正規」で配置されてきた。

日本は、国も地方も公務員を削減し続けてきたが、少ない人員で公務を回さなければならないことから、ケアワークを負わされた女性正規公務員を公務労働市場から退出させ、家庭的責任を「免除」された使い勝手のよい男性正規公務員が過半を占めるようになった。

この結果、日本はいまやＯＥＣＤ加盟三二ヵ国で、被雇用者数に占める公務員数の割合がもっとも低い国になった。二〇一七年の統計では、ＯＥＣＤ諸国で最低の五・八九％にすぎない。ＯＥＣＤ諸国平均が一七・七一％、もっとも割合が高いノルウェーが三〇・三四％、二位のスウェーデンが二八・八三％、「小さな政府」といわれるアメリカでも一五・一五％で、日本の公務員の規模は、ノルウェーやスウェーデンの六分の一、アメリカの三分の一にすぎない。

公務員における女性割合に至っては、OECD諸国平均が六割、もっとも女性割合の高いフィンランドと二位のスウェーデンが七割を占めるなかにあって、日本は女性を公務労働市場から退出させてきた結果、女性割合は四割台にとどまる(16)。

多くのOECD諸国では、公的雇用に占める女性の割合は男性のそれを上回り、主に公務部門における雇用によって女性の就業率の上昇が促されてきたのだが、日本は、女性の就業率を高めてきた公務部門の雇用を縮小し、その少なすぎる公務員の中でもとりわけ女性公務員を公務労働市場から退出させてきた結果、女性が活躍できる場を奪ってきた。

これに加え、女性割合が高い看護師、保育士、給食調理員等のいわゆるケアワークで非正規化を止めどなく進めた結果、公的ケアサービスの供給が不足し、これが女性を家庭に縛りつける原因となって女性の労働参加を妨げるという悪循環に陥ってきた。

図2は、世界経済フォーラムの国別男女平等指数（①）を横軸に、OECDの公務員における女性割合（②）を縦軸にして、各国をグラフ中にプロットした散布図「国別男女平等指数と公務員における女性割合の相関性（二〇一七年）」である。

①②の相関係数は＋〇・七七五〇で、統計学の教科書によれば「強い相関」に分類される。したがってプロットは、斜め右方向に順に並び、公務員における女性割合が高い国ほど、男女平等指数も高くなる傾向となって現れる。

たとえば、①男女平等指数（〇・八三〇）で世界二位のノルウェーの②公務員における女性割合は六九・二八％でOECD諸国中三位、①が〇・八二三で世界三位のフィンランドは、②が七一・三六％で同一位、①が〇・八一六で五位のスウェーデンは、②が七〇・九六％で同二位、①が〇・七七八で一一

図２　2017男女平等と公務員における女性割合の相関性

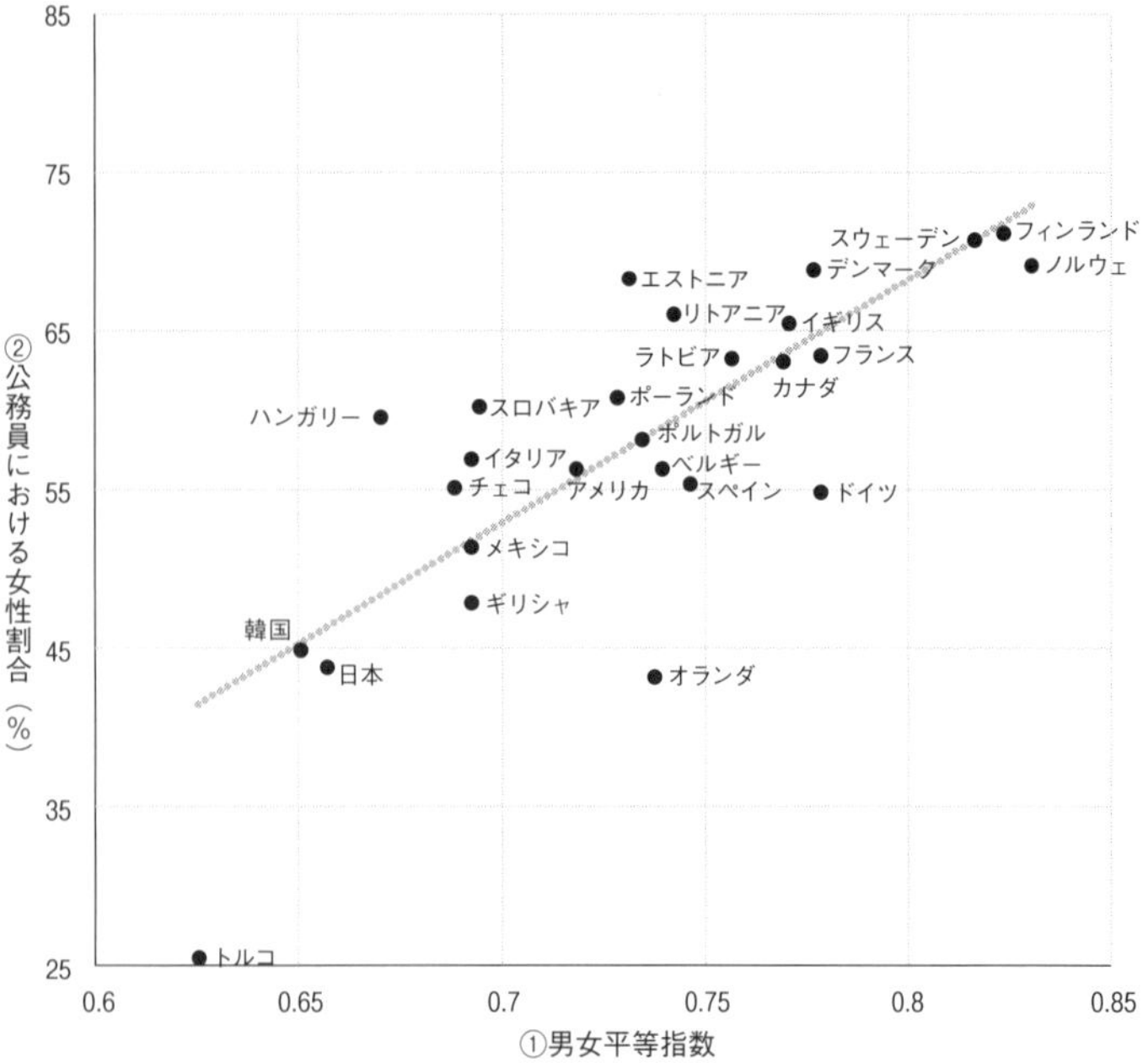


出典）World Economic Forum 'The Global Gender Gap Report 2017' Tablr 3 : Global rankings, 2017 and OECD, 'Government at a Glance 2017', Figure 3.5 Gender equality in public sector employment, 2011 and 2017 を筆者加工

位のフランスは②が六三・五五％で同九位と、いずれも公務員における女性割合はＯＥＣＤ平均を上回り上位に位置する[17]。一方で、男女平等指数が二〇一七年段階で世界一一四位の日本は、②が四四・〇〇％でＯＥＣＤ諸国中二六位、男女平等ランキングが一一八位の韓国は、②が四四・九六％・同二五位で、いずれも世界最低水準である。

　このように、男女間の格差が少なく、女性が活躍しうる社会に転換していくためには、雇用が安定し、それなりの賃金水準が得られる公務員における女性割合を高めていくことが決定的な要素となる。

ところが日本は、公務において女性の活躍の場を極端に狭めた「女性を正規で雇わない国家」なのであり、その結果は女性が活躍できない男女不平等社会なのである。

## おわりに—働かせる側の改革の必要性

これまで述べてきたような非正規公務員にとって不利益な取り扱いが、なぜ「適法」なものとして放置されているのか。

その答えの一つは、非正規公務員の処遇改善や雇用安定に向けた法的義務を、民間事業者と異なり、国・地方自治体の使用者が免れているからである。

正規・非正規間の不合理な格差の解消を目的とし、同一労働同一賃金の実現を基本原則とする短時間労働者及び有期雇用労働者の雇用管理の改善等に関する法律では、短時間・有期雇用労働者から求めがあったときは、短時間・有期雇用労働者と通常の労働者との間の待遇の相違内容および理由等について説明しなければならないことを事業主に義務づけている。

だが同法は公務員には非適用である。また労働契約法の適用もない。

非正規公務員に関する限り、彼女ら彼らの働き方改革が問題なのではない。非正規公務員を働かせる側の問題、非正規公務員の処遇や雇用を劣悪なまま放置することを使用者に認めて説明義務を課さない法制度そのものの問題、これこそ改革すべき課題なのである。

では冒頭で紹介した辻清明の基盤行政たる人事行政の崩壊を回避するためには、どうすべきなのか。以下の点を提言して本稿を閉じることとする。

第一に、これまで定数外とされてきた職員を含めて、より適切な定員管理の方法に変更することである。正規公務員数だけを数える定員管理をやめ、人財・総人件費管理に移行し、行政需要に見合った人員を整備する。

第二に、専門職採用の門戸を広げ、異動限定型公務員の採用類型を制度化する。ジェネラリスト型とジョブ型のデュアルシステムの公務員人事制度に改変する。

第三に、同一価値労働同一賃金原則に基づき、適正な職務評価を実施し、職務の価値に応じた賃金を支払うことにより、性に中立な処遇を確立する。

注

(1) 本稿は、二〇二〇年一一月二一日にオンラインで開催された二〇二〇年度日本地方自治学会研究会共通論題1「自治体公務と地域公共の担い手」における筆者報告「地方公務員の非正規化とその影響—公務員人事制度の在り方の展望」を基にしているが、報告時に使用したデータは二〇一六年現在のもので、二〇二〇年一二月には、同年四月にはじまった会計年度任用職員制度等に係る総務省調査結果が公表されたことから、可能な限り同調査データに置き換えて執筆するとともに、報告では触れなかった事項についても本稿で取り上げていることをお断りする。

(2) 辻清明『公務員制の研究』東京大学出版会、一九九一年、二頁。なお引用文記載の同書序章の初出は「〝人事行政の本旨〟とはなにか」『人事院月報』8(11) 一九五七・一一

(3) 萩原信一郎『歌集　滑走路』角川文庫、二〇二〇年、六九頁

(4) 「婦人保護事業の現況について」二〇一八年七月三〇日「第一回困難な問題を抱える女性への支援のあり方に関する検討会」資料六・一。

(5) 消費者庁「令和二年度地方消費者行政の現況調査」(二〇二〇年一一月)。
(6) 荒木祥太「日本の公務員賃金プレミアムに関する分析—PIAACによる認知能力データを用いて—」『RIETI Discussion Paper Series 20-j-017』二〇二〇・三、二三～二四頁
(7) 西村美香の次の指摘も参照されたい。「自治体が臨時・非常勤職員に大きく依存することは、ワーキングプア問題の解決に政府が消極的であるというメッセージとして官民の非正規雇用の増大を促し、それによって中長期的には個人消費の冷え込みや貧困など地域経済にマイナスとなる危険もある」。同「転換期を迎えた地方公務員の定員管理」『地方公務員月報』(六五六)二〇一八・三、一六～一七頁
(8) 自治労の組織基本調査は、基本的には自治労加盟の単位組合が存在する地方自治体を中心とするもので、臨時・非常勤職員の実人員はこれより多いと思われる。なお、非正規公務員数の推移等については、拙著『非正規公務員の現在』日本評論社、二〇一五年、九五～一九九頁の「第二部 歴史の中の非正規公務員」を参照。
(9) 前掲注(5)。なお消費生活相談員の非正規化過程については、拙著『非正規公務員』日本評論社、二〇一二年、五三～七一頁を参照。
(10) 地方自治体の人事担当者へのインタビューでこの点は確認した。拙著『非正規公務員のリアル』二〇二一年、一〇八頁以下参照。
(11) 男女共同参画社会基本法(一九九九年)は、国・都道府県・市区町村に、男女共同参画基本計画等の策定を義務付けているが、男女共同参画センターといった女性関連施設の法的根拠でもなく、同施設が実施する相談支援も規定していない。男女共同参画センターの存立根拠は、各自治体の条例ないしは男女共同参画計画であり、相談支援もセンターが実施する業務と位置づけられることで実施根拠を得ている。瀬山紀子「公立女性関連施設における公務非正規問題を考える」『労働法律旬報』(一七八三―一七八四)二〇一三・一・二五、一三八頁以下参照。
(12) 児童福祉司に関していえば、「児童福祉司に必要な専門性を確保するためには、五年から一〇年程度の経験

が必要であり、さらに、指導的立場に立てる職員を育成するためには、より多くの経験が必要との声も多くある」と指摘されている（厚生労働省「今後の児童家庭相談のあり方に関する研究会 報告書」二〇〇六年、六頁）。

（13）「令和二年度全国児童福祉主管課長・児童相談所長会議資料」より。

（14）平成二九年八月二三日付総務省自治行政局公務員部長通知「会計年度任用職員制度の導入等に向けた必要な準備等について（通知）」。

（15）中野区非常勤保育士再任拒否事件・東京高判平一九・一一・二八判例地方自治三〇三号三二頁以下。武蔵野市レセプト点検嘱託職員再任拒否事件・東京高判平二四・七・四公務員関係判決速報四一七号二頁。

（16）数値はOECD, 'Government at a Glance 2019' より。

（17）「実際、スウェーデンの雇用構造は二つの経済部門に分かれて発展しているといえる。一つは男性に偏った民間セクターであり、もう一つは女性が支配的な公共セクターである」G・エスピン－アンデルセン『福祉資本主義の三つの世界』（ミネルヴァ書房、二〇〇一年）二二八頁。

（かんばやし ようじ・労働社会学）

# 2　地方公務員制度における地方公共団体の自律性
## ――地方自治の本旨の視点からの現行法の検証――

松村　享
（名古屋学院大学）

## 一　はじめに

### 1　地方公共団体の組織編成権の現状と課題

平成十一年のいわゆる第一次地方分権一括法以来、十次にわたる地方分権一括法により地方公共団体の自主性、自律性は大幅に拡大した。しかし、地方分権改革が進められる中にあっても、地方公共団体の組織編成権に関しては十分な見直しが行われておらず、「地方自治」が十分に保障されているとはいえない。特に、地方公共団体の組織編成の重要な部分を占める地方公務員制度については、従来から地方自治法、地方公務員法等において極めて詳細な規律が行われ、地方公共団体の自律性が保障されていなかった(1)。こうした中、平成二九年に地方自治法及び地方公務員法が改正され(2)、臨時的任用の厳格化、会計年度任用職員制度の創設など地方公務員制度に関して従来以上に詳細な規律がなされることとなった(3)。

地方公共団体の組織編成、さらにその中心ともいうべき地方公務員制度は、地方公共団体の行政運営の基本であり、各地方公共団体の住民自身の意思に基づき定められるべき事項である。地方公共団体が独立した一つの組織である以上、自らの組織を自らの判断で編成することができるのは当然のことであり、原則的に国の立法によっても侵すことができない領域である。[4] しかし、地方公務員法等の地方公務員制度に関連する法律において、任用方法は制限的に列挙される等、極めて規律密度が高く、地方公共団体の自律性が十分に保障されているとはいえない。

このように地方公共団体の組織編成権が十分に保障されていない現状は、国の意識も大きな要因の一つである。国においては、国家公務員法と地方公務員法を同様の位置づけと認識し、国家公務員法が改正されればそのコロラリーとして地方公務員法の改正を行っている。[5] 例えば第二〇一回国会に提出された役職定年制の導入等に関する地方公務員法の改正に関する総務省資料を例に挙げると、改正理由として「地方公務員についても国家公務員と同様に以下の措置を講ずる」とされており、国家公務員と同様に地方公務員に関する措置も国が講ずるがごとき説明がなされている。[6]

地方公共団体の組織編成権、地方公務員制度における自律性に関して、論者は、既に「地方公務員制度と地方公共団体の自律性について」[7] において、会計年度任用職員に関する国の関与と地方公共団体の組織編成権を論じた。本稿では、地方自治の本旨の意義を中心に地方公務員制度における地方公共団体の自律性について、より基礎的な視点から考察を行う。なお、本稿は、二〇二〇年度日本地方自治学会研究会において「地方公務員制度と地方公共団体の自律性―会計年度任用職員制度を踏まえて―」と題して論者が行った報告を基本として、同研究会においてなされた議論、質問等を踏まえて、再論したものである。

## 二　現行地方公務員制度の概要

まず初めに、地方公務員制度に関する法律による規律という視点から、地方公務員法等の現行法の概要を見ておこう。地方公務員制度に関しては、主に地方公務員法において規律されているが、その他にも地方公共団体の一般職の任期付職員の採用に関する法律などいくつかの法律において詳細に規律されている。

また、地方公務員法二条では、地方公務員に関する条例、地方公共団体の規則・規程が同法に抵触する場合には、同法の規定が優先する旨を規定している。そもそも法の形式的効力関係あるいは日本国憲法九四条の規定によって、法律が条例等に優先することは当然のことである。にもかかわらず、あえて本条を設けたのは地方公務員法の基本法としての性格を明らかにしたものといえる。(8) 地方公務員法が基本法とされることによって、地方公共団体の自律性はより制限的に解される可能性がある。

(1)任用（採用、昇任等）

①職員の任用は、受験成績、勤務成績その他の能力の実証に基づいて行うことが基本とされている（成績主義の原則。地方公務員法（以下、根拠条項の記述において「法」という。一五条）。なお、これに違反して任用した者は、三年以下の懲役又は百万円以下の罰金が科される（法六一条）という非常に厳しい規律がなされている。

②職員の採用及び昇任は、人事委員会を置く地方公共団体においては、競争試験によるものとされる（法一七条一項、一七条の二第一項）。人事委員会を置かない地方公共団体においては、職員の採用及び昇任は、競争試験又は選考によるものとされる（法一七条の二第二項）。

③任用の根拠規定としては、法一七条、二二条の二（会計年度任用職員）、二二条の三（臨時的任用職員）、二八条の四、二八条の五、二八条の六（再任用職員）、地方公共団体の一般職の任期付職員の採用に関する法律三条、四条、五条（任期付職員）、地方公務員の育児休業等に関する法律六条（育児休業に伴う任期付職員及び臨時的任用職員）に限定されている。

このように地方公務員の任用に関しては、法律において非常に詳細な規律がなされており、地方公共団体が独自に任用制度を設けることは許容されない。

(2)給与

①職員の給与は、その職務と責任に応じたものとすることが基本とされる（職務給の原則。法二四条一項）。

②職員は、他の職員の職を兼ねる場合においても、これに対して給与を受けてはならない。（重複支給禁止の原則。法二四条三項）。

③地方自治法において、給料や各種手当の種類等について具体的に規定されている（地方自治法二〇四条）。

給与については、給与月額等は条例において定めることができるものの、手当の種類等は法律において制限的に列挙されている。職務給の原則、重複支給禁止の原則等は法律において規定され、地方公共団体に裁量の余地はない。

(3)勤務成績の評定

職員の執務について、任命権者は、定期的に勤務成績の評定を行い、人事評価を任用、給与、分限その他の人事管理の基礎として活用しなければならないとされている（法二三条、二三条の二第一項）。

この点に関しても、法律において評定制度の実施を地方公共団体に義務付けるものとなっている。

⑷身分保障

職員は、地方公務員法で定める事由による場合（勤務実績不良、心身故障による職務遂行困難等）でなければ、その意に反して、降任され、若しくは免職されず、同法又は条例で定める事由による場合でなければ、その意に反して、休職されず、又、条例で定める事由による場合でなければ、その意に反して降給されることがないと身分保障が規定されている（法二七条二項）。また、職員は、①地方公務員法等又はこれらに基づく条例等に違反した場合、②職務上の義務に違反し、又は職務を怠った場合、③全体の奉仕者たるにふさわしくない非行のあった場合に限って懲戒処分（免職、停職、減給、戒告）をすることができるとされる（法二九条一項）。

⑸定年

国の職員につき定められている定年を基準として、条例で定めるとされている（法二八条の二第二項）。地方公共団体において条例で規定することとされているが、国家公務員に準ずることを求めている。

⑹服務

すべて職員は、全体の奉仕者として公共の利益のために勤務し、かつ、職務の遂行に当っては、全力を挙げてこれに専念しなければならないとされており、次のような服務上の強い制約が課されている（法三〇条）。

①労働基本権の制約（争議行為の禁止。法三七条）、②信用失墜行為の禁止、倫理の保持（法三三条）、③職務上知り得た秘密を守る義務（守秘義務。法三四条）、④政治的行為の制限（法三六条）、⑤

営利企業等の従事制限（法三八条）など。

ここまで述べてきたように、地方公務員制度に関しては法律において非常に詳細に規律されており、地方公共団体が自主的に規定することができるのは、法律において「条例で定める」と規定されている職員の勤務条件等の事項に限られる。なお、この「条例で定める」とする点の問題点については、後に検討する。

このように地方公務員法等の法律において、地方公共団体の条例において定めることを認める事項はあるものの、詳細な規定がなされており、地方公共団体の自律性が十分に保障されているとはいえない。

## 三　地方自治の本旨と地方公共団体の組織編成権

### 1　地方自治の本旨の意義

日本国憲法九二条では、地方公共団体の組織及び運営については、国が法律において定めることとされているが、その法律は「地方自治の本旨」を侵すことがあってはならない旨を定める。国が地方公共団体の組織及び運営に介入する場合には、常に、地方自治を尊重しなければならないのである。国が地方公共団体の組織及び運営に関する法律が、「地方自治の本旨」によって制約されるという関係に立つ(9)。また、地方公務員制度についても地方公共団体の組織編成の重要な位置を占めるものであるため、地方公務員制度を定める地方公務員法等の関連法律については、当然に地方自治の本旨に反するものであってはならない。

ところで、この地方自治の本旨とは、地方自治の本来のあり方を示すものとして、地域の住民が地域的な行政需要を自己の意思に基づき自己の責任において充足するという住民自治と、国から独立した団体（地方公共団体等）を設け、この団体が自己の事務を自己の機関により自己の責任において処理するという団体自治によって構成されると解されている[10]。住民自治は民主主義的要素であり、団体自治は自由主義的要素である[11]。住民自治と団体自治は、地方自治における車の両輪のようなものとされる[12]。このように地方自治の本旨の要素が住民自治と団体自治とされることは自明とされているものの、住民自治及び団体自治の具体的内容は明確ではない[13]。

地方自治の本旨は、中央政府である国と地方政府である地方公共団体のそれぞれが、いかなる権能、自治権を果たすかという、わが国の統治システムの根幹にかかわる問題である。そして、我が国憲法の基本原理は、人権保障と国民主権であり、この基本原理の下で国の諸制度はすべて人権保障と民主主義の実現のためのものである[14]。民主主義において、国民、住民の意思をいかに適切に統治活動に反映できるかという点が最も重視されなければならない。つまり、地方自治権は、国民主権、民主主義と人権保障を基本とするわが国において、住民の意思を反映するためのシステムとして考えなければならないのである。そして、住民の意思を反映するための最も適切な行政システムは、住民に最も身近な行政組織である地方公共団体が統治権を担うことである。その上で、地方公共団体において処理することができない、あるいは処理することが適当でない事務に限って、国が統治権を担うことになる。これは、統治権はできる限り住民に身近な単位（地方公共団体）が担い、その単位で対応できない事務については大きな単位の団体（国：中央政府）で補完していくという補完性の原理に基づくものである。

住民意思を直截に地方公共団体の行政運営に反映するという視点からは、地方公共団体の自治権は、国の統治権から伝来するものではなく、国の統治権と同質のものとして、住民から直接に付託された統治権であると考えるべきである。そのように住民の意思を最優先に考えることこそが、地方公共団体の自治権の保障を根拠づけるものである。(15)

## 2　中央政府と地方政府との関係

地方自治の本旨に関連して、中央政府としての国と地方政府としての地方公共団体との関係について考察する。中央政府と地方政府との関係について、真渕学は、住民、国民との関係から連合型、出先型、連邦型、単一型の四つのモデルに分類する。(16) ここでは、この四分類を踏まえて、地方自治のあり方を考えたい。

①連合型

市民は、個々人で処理するよりも共同して処理した方が効率的であると考えられる事務について、それを処理させるために、代理人として地方政府を創設し、処理を委任する。地方政府は、さらに個々に対処するよりも他の地方政府とともに、より上位の政府に委任して解決した方が便利であると判断した事務について、代理人として中央政府を創設し、処理を再委任する。

②出先型

市民はまず代理人として中央政府を創設し、そこに共通する事務を処理する権限を委任する。そして、中央政府は委任された事務のうち、市民に身近なところで処理する方が効率的に処理できる事務を行わせるために、代理人として地方に「出先」を創設し、そこに処理を再委任する。

③連邦型

市民は、一方において地方政府を代理人として創設し、他方において中央政府を代理にとして創設する。その意味で、中央政府と地方政府の関係は対等である。

④単一型

中央政府と地方政府は、ともに市民の代理人である。市民は、中央政府と地方政府に対して参政権を持ち、中央政府、地方政府ともに市民に対して課税権を持つ。しかし、地方政府は中央政府の代理人という性格を持ち合わせている。したがって、市民の地方政府への参政権は中央政府の定めた法律によって規律され、地方政府の課税権も法律によって制約される。

この四分類を我が国の地方自治制度に当てはめると、まず大日本帝国憲法下における地方自治制度は地方政府が国の出先としての位置づけとされていたことから、この四分類のうちの出先型に当たるといえる。また、日本国憲法下の地方自治制度は連邦型又は単一型に当たるといえよう。ただし、地方自治法等の現行法を前提とする限り、我が国の地方制度は、地方公務員制度等が原則として法律において規律されていることから、単一型に分類できよう。しかし、前述のように地方公共団体の自治権を住民から直接に付託された統治権であるとする論者の理解からは、憲法が予定する国と地方との関係については、住民から付託された統治権を地方公共団体が最も適切に行使するために地方政府と中央政府とが対等の立場で住民の負託を受けているとする連邦型と解することになる。

地方公共団体の組織編成権についても、連邦型においては地方公共団体が国と同等の組織体制を国から独立した形で保有する必要がある。つまり、地方公共団体の組織は、国から独立したものであり、当然に地方公共団体の組織編成のあり方を決めるのは、当該地方公共団体の住民である。その意味では、現行の地方公務員制度は単一型に近いものであり、日本国憲法が予定する連邦型に適合しておらず、中央政府と地方政府とを対等の関係に位置付けるための法律の見直しが必要であると考える。

### 3　我が国におけるHome ruleの可能性

Home ruleとは、アメリカ特有の地方自治の基本的原則を示す言葉である。Home ruleの目的は、地方の問題について地方独自の解決策を可能にすることである。Home ruleの地位を持つ地方政府は、州法によって特に禁止されていない限り、自らの判断に基づき自らの権限を行使することができる。対照的に、Home ruleを有さない地方政府は、州法によって明示的に付与された権限のみを行使することができるとされている[17]。

地方政府がHome ruleを取得した場合、地方政府は次のような権限を取得し、中央政府には次のような制限が課される。①憲法に基づきHome ruleを取得した地方政府は、住民によって定められたHome rule charter（自治憲章）に基づき、地方の行政に必要なすべての権限を地方政府に与える。②憲法に基づきHome ruleを取得した地方政府は、一般的な州法や自治憲章で特に禁止されていない限り、一般的または州全体に関わる問題についても立法することができる。③州法に基づくHome ruleの下では、Home ruleを有する地方政府は、自らのHome rule charterに含まれ州法で認められた権限を有する。④憲法に基づくもの、州法に基づくもの、いずれの形式のHome ruleにおいても、州の立法行為が基本的に地方の問題を扱い、かつ地方政府の法律と対立する場合には、地方政府の法律に従わなければならない、などとされている[18]。

このようにHome ruleは憲法又は州法に基づくものであるが、一九世紀末から二〇世紀初頭にかけて主にアメリカ中西部の裁判所において、Inherent home rule（内在的Home rule）といわれる憲法外の法理に基づく判断がなされた[19]。この法理は、独自の憲章を与えられた都市にHome ruleを認める憲法上または法律上の規定とは別のものであり、純粋に地方の問題に関する場合には都市は自らの問題を統治する自然権的な「固有の」権利を有しているというものである。この法理では、純粋に地方に関係する事項と、一般的で州全体に関係する事項とを区別し、前者について地方政府は州の干渉を受けない権利があり、州法と地方政府の法律との間に矛盾が生じた場合には地方政府の法律が州法に優先する。しかし、全州的な関心事については、地方政府は州に従属しており、対立する場合には州法が地方政府の法よりも優先するとされる。Inherent home rule の法理は、地方政府の自治について自然権的に解するものである。Inherent home rule を認めた判例は年代的にもかなり古いものであり、また憲法や州法において Home rule が明文で規定されているアメリカでは、Inherent home rule は存在意義を失っている感がある。しかし、Home rule についての明文規定を持たない我が国においては、この法理は示唆に富む考え方である。

我が国では、連合国軍最高司令官総司令部により作成された日本国憲法草案八七条において「The inhabitants of metropolitan areas, cities and towns shall be secure in their right to manage their property, affairs and government and to frame their own charters within such laws as the Diet may enact.」として Home rule charter 制定権が規定されていた。しかし、その後制定された日本国憲法では「own charters」の規定はなされず、アメリカで認められているような Home rule は否定されていると解されている[20]。しかし、我が国憲法の基本原理である国民主権、民主主義と人権保障の基本に基づく限り、住民の意思を反映するためのシステムとして地方自治権は、憲法から当然に導かれる権利であるといえる。その意味において、我が国においても Inherent Home rule として、純粋に地方の問題に関する場合には、地方公共団体は自らの問題を統治する自然法上の「固有の」権利を有していると解することができるのではないだろうか。地方公共団体の組織編成、地方公務員制度については、純粋に地方の問題であり、自らの固有の権限として地方公共団体に保障さると解する。

## 四　社会的環境と地方公共団体の組織編成権

ここまで地方自治の本旨の視点から、地方公共団体の組織自律権について論じてきた。地方公務員制度に関しては、論理的な面のみならず現在の社会情勢の面からも、その自律性が強く求められている。

### 1　労働環境の変化

近年、労働市場を巡る環境が大きく変化する中、多様な価値観やバックグラウンドを持った人材が、個々の事情に応じて柔軟な働き方を選択でき、より多くの人が意欲や能力に応じてより長く活躍できる環境を整備することが重要となっている[21]。

地方公共団体においても、働き方改革、あるいは多様な働き方に対する環境整備が求められている。地方公共団体に関しては、地方ごとに労働環境も様々な違いがあり、首都圏のような都市部と限界集落といわれる過疎地とでは自ずと働き方も異なる。そのような環境も踏まえて、地方公共団体ごとに自らの判断に基づく形態で職員を任用、雇用することこそが真の地方自治といえるのではないだろうか。

第三二次地方制度調査会中間報告においても「地方公共団体による専門性を有する民間経験者の採用等、柔軟な人材確保の取組が求められる。一人が複数の役割を果たせるよう、副業・兼業あるいは「複業」等の柔軟な働き方を積極的に進める必要がある。」とされている[22]。このように多様な働き方が求められている中にあって、地方公共団体において常勤職員を中心として行政事務を処理するという、いわば常勤職員中心主義が真に維持されなければならないのかという点についても再考の必要性がある。

都市部と過疎地域のように地理的社会的条件等その地方公共団体を取り巻く環境、特に労働環境の変化などを鑑みると、地方公共団体における公務員制度をどのように構築するかは、各地方公共団体の自主的な判断にゆだねるべきであろう。

## 2　地方公務員の多様性

現行法において地方公務員に関しては、一般職、特別職に分類がなされ、さらに一般職には企業職員、単純労務職員も含まれる。特別職、企業職員、単純労務職員については、法的にも異なる扱いがなされている。そのほかの一般職の職員に関しても、担うべき職等により職務権限、責任等も大きく異なる。特に重要な点が、決裁権と公権力を行使する者とである。

まず、決裁権については、住民訴訟について重要な点である。住民訴訟においては、当該職員が損害賠償責任を負うことになるが、この当該職員の意義について判例は、「当該訴訟においてその適否が問題とされている財務会計上の行為を行う権限を法令上本来的に有するものとされている者及びこれらの者から権限の委任を受けるなどして右権限を有するに至つた者を広く意味」するとしている[23]。この権限の委任については、地方公共団体の判断により決裁権者等を定めているために、当該職員の範囲については地方公共団体ごとに異なることになる。

また、公権力を行使する者については、東京都管理職選考受験訴訟判決[24]では、地方公務員のうち、住民の権利義務を直接形成し、その範囲を確定するなどの公権力の行使に当たる行為を行い、若しくは普通地方公共団体の重要な施策に関する決定を行い、又はこれらに参画することを職務とするものの職務の遂行は、住民の権利義務や法的地位の内容を定め、あるいはこれらに事実上大きな影響を及ぼすなど、住民の生活に直接間接に重大なかかわりを有するものであるため、原則として日本の国籍を有する者が公権力行使等地方公務員に就任することが想定されているとみるべきであるとしている。この点についても、どの職が公権力を行使するかということは、地方公共団体における事務分掌により異なることとなる。

どのような職員を決裁権者、あるいは公権力を行使する者に位置付けるかは、地方公共団体ごとに異なる。このように地方公共団体ごとに多様性があることから、各地方公共団体における職員の権限、職責等を踏まえて、自らにふさわしい地方公務員制度を構築することが求められる。

## 五　団体自治の限界

### 1　国家としての統一性

論理的な側面及び実態的な側面から、地方公務員制度に関する地方公共団体の自律性を論じてきた。しかし一方では、地方公共団体は、我が国の憲法に位置づけられた組織であり、我が国の領土の一部を基礎とするものである。地方公共団体も国と無関係に存在するものではなく、国家として統一性も求められる。この点が日本国憲法九二条の規定にも表れている。「地方公共団体の組織」は、「地方自治の本旨に基いて」、国により「法律」で定めることとされているのである。国は地方公共団体を包含する組織である以上、国家として統一的に地方公共団体に関する法律を制定することができるとされている。(25)

ただし、国による統一的規律に関しては、地方自治の本旨の観点から、国が規律しうる範囲を考察する必要がある。そしてその考察に当たっては、前提として国家と地方の関係において国が果たす役割を踏まえることが必要であろう。この点に関して、曽我謙悟は、国の役割として①地方政府の政治・行政に能力など何らかの不足がある場合、中央政府がそれを補う、あるいは代行するもの、②中央政府の政策の実施を地方政府に委ねるもの、③政策から利益を受ける地域と負担を背負う地域の間にズレがあり、調整を行うものにまとめることができるとする[26]。管見によれば、曽我が示す三分類のほか、国が果たす役割として、さらに一点、地方自治に関して全国的に定めるべき統一的基準に関するものを挙げることができると考える[27]。

さらに、この統一的基準に関しては、二つの視点が存在する。まず、地方公共団体が住民等に対して行う活動、地方公共団体の対住民的活動である。この点に関しては、原田尚彦は「一般に、憲法上、地方自治行政の核心的部分について第一次的責任と権限が地方自治体に留保されるべきであるとの見解を前提にして、そうした「固有の自治事務領域」については、国が法律により規制措置を定めたとしても、それは、全国一律に適用されるべきナショナル・ミニマムの規定と解するべきである[28]」と指摘する。ナショナル・ミニマムの視点による国による地方への統制である。

一方、統一的基準に関する二点目は、地方公共団体の内部的事項に関する統一的基準であり、地方公共団体の組織編成権や地方公務員制度に関する規律がこれに当たる。前述のナショナル・ミニマムは、あくまでも行政権が国民、住民に対して行う人権保障の問題として、国が地方公共団体に関与できるということである。地方公共団体の行政運営自体の自律性とは、異なる次元の問題であることは十分に認識されなければならない[29]。そして、内部的事項に関しては、地方公共団体の自律性がより確保されなければならない。地方公共団体の組織編成権を保障するためには、その自主立法である条例の規律を尊重する必要があり、法令において過剰に細部にわたる規制を行うことは許されない[30]。

## 2　地方公務員制度と統一的基準

日本国憲法九二条及び九四条は、地方自治の組織・運営を「法律」や「法律の範囲内」で定めるとしているが、その法律は、「地方自治の本旨」に従うことを条件とされているから、自治組織権を侵さない大綱的基準を定めうるにすぎないのである[31]。地方公務員制度については、地方自治の保障の観点から、国により統一的基準として定める法律により規定する場合であっても、その規定内容はできるだけ大綱的なものに限定し、具体的内容はできるだけ地方公共団体の自主法である条例に委ねることが求められる。つまり、地方公務員法は、全国的に共通する地方公務員制度の大綱的基準を定めうるにとどまることになる[32]。

さらに、地方を取り巻く状況や労働環境が大きく変化する今日にあっては、地方公務員制度に関する地方公共団体の自律性がより強く求められるようになっている[33]。地方公共団体の組織・運営が中央政府の法律で画一的に定められることになれば、諸条件を異にする各地域にふさわしい自治が大きく制約され、団体自治の保障の趣旨に反することになる。

その上で、地方公務員制度に関して、全国統一的に定めるべき基準として国が定めることができるものは、国家秩序の根本法たる日本国憲法に基づく公務員制度及び公務員制度の基本原理に関するものであろう。

# 六　公務員制度と憲法理念

## 1　日本国憲法一五条と公務員制度

日本国憲法一五条一項は、「公務員を選定し、及びこれを罷免することは、国民固有の権利である」と規定するが、本項はあらゆる公務員の終局的な任免権が国民に帰属するという国民主権原理に基づくものである。天皇主権から国民主権への変革を反映するものであるとともに、国民の負託を受けた公務員が一部の者のための奉仕者ではないという民主主義の要請にも基づくものである。すべての公務員が直接選挙によって選ばれるべきことを要求するものではないが、国民主権の下で公務員の地位が究極的には国民の意思に基づいて成立するものであることを示す規定である。

また。同条二項は「すべて公務員は、全体の奉仕者であつて、一部の奉仕者ではない」と定める。本項は、公務員は主権者たる国民全体の奉仕者と規定するものであり、これらの規定を通じて公務員制度は国民主権に基づくことを明らかにする。国家公務員たると地方公務員たるとを問わず、すべての公務員に共通する理念である。

公務員の地位を定めた日本国憲法一五条一項・二項の基礎にある国民主権原理は、同時に、公務員制度の基本的内容が、国民の意思に基づいて決定され、そのあり方が国民による民主的統制のもとに置かれなければならないとする。「公務員制度に対する民主的統制」の原則を導くことになる。その中心をなすのが「公務員制度に関する法律主義」（公務員制度法定主義）である。これは、公務員制度の基本的内容が、国民代表議会たる国会の制定する法律によって定められなければならないとする要請であり、戦前の官吏制度が、天皇の官制大権に基づいて、もっぱら天皇の勅命によって定められていたこと（官吏制度に関する勅命主義）の全面的否定を意味する。

公務員制度が国民主権に基づくべきとする理念は、国家公務員のみならず地方公務員にも共通する。さらに地方公務員制度に特有の理念としては、地方自治の保障がある。地方公務員制度は、「地方公共団体の組織」の重要な柱をなすものであり、その内容と運営については、日本国憲法上、地方自治権（自治組織権）が地方公共団体に対して保障されていることになる[34]。日本国憲法一五条一項・二項が定める国民主権が、さらに地方公務員に関しては住民主権と住民自治の保障につながることになる[35]。公務員制度法定主義は国家公務員に適合し、地方公務員については各地方公共団体においてその制度を定める地方公務員制度条例主義に基づくことになる。なお、その条例は大綱的基準である地方公務員法等に適合することを求められるため、大綱的基準法を前提とする条例主義ともいえよう[36]。

## 2　地方公務員制度と日本国憲法

日本国憲法の下における地方公務員制度は憲法の保障する国民主権主義の原理及び地方自治の本旨を実現するにふさわしいものでなければならない。

### (1) 公務の公平性と公開性の確保

民主制の下において、公務は国民、住民全体のものでなければならない。したがって、国又は地方公共団体の公務に従事する機会は、広く一般の国民、住民に対して平等に公開されなければならず、公務員の職が世襲制の貴族、一部の藩閥、学閥などの特権階級によって独占されることがあってはならない。日本国憲法一四条一項に「すべて国民は、法の下に平等であって、人権、信条、性別社会的身分又は門地により、政治的、経済的又は社会的関係において、差別されない」と規定しているところである。

地方公務員法においても、平等取扱いの原則が定められ（一三条）、あるいは競争試験について「受験の資格を有するすべての国民に対して平等の条件で公開されなければならない」（九条一項）としているのは、いずれもこの原則に基づくものである。[37]

(2)勤務条件条例主義

公務員の勤務条件を法律によって定めるべきとする勤務条件法定主義は、憲法上明文で規定されているものではない。しかし、公務員の選定罷免が国民固有の権利とされる（日本国憲法一五条一項）以上、公務員制度のあり方につき、少なくともその基本的な部分は国会が法律で定めるべきこと（議会制民主主義）は当然であることから、勤務条件法定主義は憲法上の要請であると解されている。[38] 地方公務員に関しては、同様に勤務条件条例主義が求められることになる。

(3)成績主義

日本国憲法が予定する民主的な公務員制度は、spoils system（猟官主義）を退けて merit system（成績主義）を確立することを必要とする。成績主義は、公務の平等公開の原則を前提として、公務員の採用、昇任、昇給等をもっぱら客観的な能力の実証、すなわち成績に基づいて行うことを内容とする考え方である。

(4)政治的中立性の確保

すべての公務員は全体の奉仕者であって、一部の奉仕者ではない（日本国憲法一五条二項）。今日、政治と行政とは機能的に分化しており、したがって、政策決定に参画する者と決定された政策を執行する行政の執行者との間は、明確に区分されなければならないものとされている。そして、このようなしくみの下では、行政の執行者である公務員が一党一派に偏した政治活動に関与することは、公務員の全体の奉仕者としての性格に相容れないだけでなく、継続的に安定した行政を遂行する上でも支障が生じることとなる。すなわち、公務員が政治的に中立性を保持することができないならば、その者は政治的変革の都度その身分が左右されるかもしれないという不安な地位に置かれることとなり、そのような状態の下では継続的に安定して公正な行政を期待することはできない。政権のいかんにもかかわらず、全体の奉仕者として継続して行政執行の任に当たる公務員の存在があって、はじめて国や地方公共団体の行政の継続性と安定性が確保される[39]。

(5)身分保障

公務員は職務を行う権利を有している。そして、その権利を担保するために、正当な事由がない限りその地位を奪われることがないという保障がなされている[40]。また、この身分保障は、公務の能率性の確保に奉仕するとともに、全体の奉仕者として中立、公正な職務の執行を維持するためにも地方公務員の身分が保証される必要がある[41]。

(6)守秘義務

一般職の公務員には守秘義務が課されている(国家公務員法一〇〇条一項、法三四条一項)。この義務に違反して秘密を洩らした場合には、一年以下の懲役又は五〇万円以下の罰金の対象となる(国家公務員法一〇九条一二号、法六〇条二号)。

行政活動は、膨大な情報の収集、蓄積が必要であり、その情報の中には行政機関としての秘密はもちろんであるが、個人情報や法人情報などが含まれている。このため、行政機関が保有する情報の漏洩は、当該個人あるいは法人に直接の損害を及ぼすことはもちろん、行政機関の信頼をも損なうことになり、適正な行政活動を阻害することにつながる。全体の奉仕者としての信頼を維持するために公務員には守秘義務が課されなければならない。

(7)争議行為の禁止

公務員が争議行為を禁止されるのは、公務員の地位の特殊性と職務の公正性に加えて、勤務条件法定（条例）主義の下で団体交渉による勤務条件の決定という方式が妥当しないことから、争議権が団体交渉の裏付けとしての機能を発揮しないためである(42)。

(8)国籍要件

地方公務員法には、外国人の任用を禁ずる規定は設けられていないが、政府の見解としては公権力の行使又は公の意思の形成への参画に携わる公務員になるためには日本国籍を要するとしている(43)。また、前掲東京都管理職選考受験訴訟判決においても、地方公務員のうち、住民の権利義務を直接形成し、その範囲を確定するなどの公権力の行使に当たる行為を行い、若しくは普通地方公共団体の重要な施策に関する決定を行い、又はこれらに参画することを職務とするものについては、日本の国籍を有する者が就任することが想定されていると考えられると判示されている(44)。

## 七　現行制度に関する考察

### 1　地方公務員法の憲法適合性

ここまでの検討を踏まえて、国において法律により定めるべき統一的基準である日本国憲法上の公務員制度から、現行地方公務員法の規定事項について検証を行う。

現行法においてとられている(1)公務の公平性と公開性の確保、(2)勤務条件条例主義、(3)成績主義、(4)政治的中立性の確保、(5)身分保障、(6)守秘義務については、前述のとおり国民主権などの憲法原理から導かれるものであり、地方公務員制度に関する統一的基準として法律により定めうる事項であろう。しかし、以下の点については、必ずしも国家の統一的基準として定める必要はなく、法律により規定することができるかという点については再考の必要がある。

(1)任用（採用、昇任等）

地方公共団体の任用については、①公務の公平性と公開性の確保及び②成績主義の観点から、憲法原理として法律により成績主義の原則について定めることになろう。しかし、現行法において詳細かつ制限的に規律されている任用形態は、必ずしも憲法原理に基づくものとはいえずに、現行法の規律内容は地方自治の本旨に抵触する可能性を否定できない。諸外国においては公務員に関しても契約に基づくものもあり[45]、我が国においても任用による以外にも契約に基づくなど、地方公共団体独自の任用、雇用形態が許容されるべきであろう。

(2)給与

地方公務員の給与に関して法律で規定されている職務給の原則や重複支給禁止の原則あるいは、手当の種類等に関する制限的な規定は、必ずしも憲法上の要請とは考えられない。したがって、この点に関する現行法の規定についても地方自治の本旨の観点からの見直し、規律内容の緩和が求められる。

(3)勤務成績の評定

地方公務員法では、任命権者に対して勤務成績の評定、人事評価を義務付けている。この点についても、地方公務員に関する憲法原理から導かれるものではなく、国において統一的基準として定めうる事項とはいえない。そのため、勤務成績の評定等を義務付ける現行法の規定は、まさに地方公共団体の自律性を阻害するものであり、地方自治の本旨に反するといえる。

(4)服務

地方公務員の服務に関しては、争議行為の禁止、信用失墜行為の禁止、守秘義務、政治的行為の制限、営利企業等の従事制限など詳細に法律により規定されている。しかし、このうち統一的基準として中央政府が定めるべき事項としては、憲法原理等から導かれる政治的行為の制限、守秘義務に限られよう。その他の服務規定に関しては、各地方公共団体において被用者と使用者との関係において、独自に定めるべき事項である。

例えば、営利企業等の従事制限については、現行法では原則的に禁止されており、例外的に任命権者の許可を受けることにより適法に行いうることとされている。しかし、近年、働き方改革が進展する中で、副業に関する考え方も大きく変わっており、各地方公共団体として、従来どおり原則禁止にするか、あるいは原則的に副業を認めるかなど独自に判断すべき時期が到来しているのではないだろうか(46)。

(5)国籍要件

定住外国人地方選挙権訴訟上告審判決(47)では、「憲法第八章の地方自治に関する規定は、民主主義社会における地方自治の重要性に鑑み、住民の日常生活に密接な関連を有する公共的事務は、その地方の住民の意思に基づきその区域の地方公共団体が処理するという政治形態を憲法上の制度として保障しようとする趣旨に出たものと解されるから、我が国に在留する外国人のうちでも永住者等であってその居住する区域の地方公共団体と特段に緊密な関係を持つに至ったと認められるものについて、その意思を日常生活に密接な関連を有する地方公共団体の公共的事務の処理に反映させるべく、法律をもって、地方公共団体の長、その議会の議員等に対する選挙権を付与する措置を講ずることは、憲法上禁止されているものではない」とする。

この判決に基づけば、地方公務員の国籍要件についても「地方公共団体の組織及び運営」に関する事項として、法律により定めることと解される可能性は否定できない。しかし、地方公務員の国籍要件は、「住民の日常生活に密接な関連を有する公共的事務」であり「その地方の住民の意思に基づきその区域の地方公共団体が処理する」事項として、各地方公共団体において条例により定めるとするべきであろう。

2　地方公務員法等に基づく条例

地方公務員制度に関してもう一点重要な点が、地方公務員法等において「条例で定める」と規定されている事項である。地方公務員法においては、法律で直接に規律するもの以外に、法律の枠内で条例により制度を設けることなどを規定するものがある。

例えば、地方公務員の修学部分休業制度については、地方公務員法二六条の二第一項において、任命権者は、条例で定めるところにより、職員が大学等の教育施設における修学のため修学に必要と認められる期間として条例で定める期間中、一週間の勤務時間の一部について勤務しないことを承認することができる旨を規定する。このように大枠は法律で規定しているものの、修学部分休業制度の導入、期間等について条例で定めることとされている。このほかにも法律の枠内で条例により制度を創設することとしているものとして以下の制度がある。

①外国の地方公共団体の機関、外国政府の機関等への派遣（外国の地方公共団体の機関等に派遣される一般職の地方公務員の処遇等に関する法律二条）

②公益的法人等の業務にその役職員としての従事（公益的法人等への一般職の地方公務員の派遣等に関する法律二条）

③高齢者部分休業（法二六条の三）

④自己啓発等休業（法二六条の五）
⑤配偶者同行休業（法二六条の六）
なお、教育公務員の大学院修学休業制度については、教育公務員特例法二六条において直接に規定されており、条例の規定を予定していない。

このように地方公務員法等の法律に基づくものではあるが、最終的な根拠は条例により定められることになる。その意味では、地方公共団体の自律性は確保されているともいえるが、地方公務員法等において「条例で定める」とする条項は地方公共団体の自律性を阻害しないと言い切れるのであろうか。

これらの規定に関しては「地方公務員法は地方自治の観点から詳細を条例に委任することが多い」とされている。(48) 委任とは、本来権限を有する者が第三者効力に権限をゆだねるものである。つまり、国が本来有する権限を法律により地方公共団体にゆだねているものと考えることになる。しかし、地方公共団体の公務員制度は本来的には各地方公共団体の事務であり、権限を委任するものであるとするならば、その地方公務員法等の規定は適当ではない。

ところで、地方公務員法等の条項と同様に、法律において「条例で定める」こととされているものとして、地方税法がある。地方税法二条「地方団体は、この法律の定めるところによつて、地方税を賦課徴収することができる」とし、同法三条一項では「地方団体は、その地方税の税目、課税客体、課税標準、税率その他賦課徴収について定をするには、当該地方団体の条例によらなければならない」としている。つまり、各地方公共団体は、法律の枠内で地方公共団体が条例を制定し、その条例に基づき課税を行うこととされているのである。地方公務員制度に関しても、地方公務員法等の法律は枠組みを定めるもので、具体的な制度の根拠は各地方公共団体の条例によることになる。その意味では、地方税法と地方公務員法、そして各地方公共団体の条例とは同様の関係として規定されているものといえる(49)。

この場合の地方税法と各地方公共団体の税条例との関係について最高裁は、「租税の賦課については国民の税負担全体の程度や国と地方の間ないし普通地方公共団体相互間の財源の配分等の観点からの調整が必要であることに照らせば、普通地方公共団体が課することができる租税の税目、課税客体、課税標準、税率その他の事項については、日本国憲法上、租税法律主義(八四条)の原則の下で、法律において地方自治の本旨を踏まえてその準則を定めることが予定されており、これらの事項について法律において準則が定められた場合には、普通地方公共団体の課税権は、これに従ってその範囲内で行使されなければならない」とする(50)。税に関しては、納税者である国民の視点からは、国税であれ、地方税であれ、税負担には違いがないため、国税、地方税を包括して税全体として国民の負担を考える必要がある。この点が、本判決が指摘する「国民の税負担全体の程度や国と地方の間ないし普通地方公共団体相互間の財源の配分等の観点からの調整が必要である」という点である。一方、地方公務員制度に関しては、国や他の地方公共団体との調整の必要性は原則として存しないものと考えられる。

しかし、国においては、そのような認識は持たず、地方税制度と地方公務員制度を同様の視点からとらえているのではないだろうか。このことが冒頭に挙げた役職定年制の導入等に関する地方公務員法の改正に関する総務省資料において「地方公務員についても国家公務員と同様に以下の措置を講ずる」との説明に表れているといえよう。この説明自体、地方税法と同様に、あたかも国が地方公務員に関する準則を規定するという認識に基づくものであろう。

自己啓発等休業制度や配偶者同行休業制度の創設、退職年齢等のように条例で定めることとされている事項については、本来的には各地方公共団体において自主的に判断すべき事項であり、国において法律により「条例で定める」などと規定することは、地方自治の本旨に抵触する可能性を否定できない。

　国に準じて地方公共団体に制度化等を求めるとするならば、それは技術的助言として行うべきことであろう。そのために地方公務員法五九条において「総務省は、地方公共団体の人事行政がこの法律によつて確立される地方公務員制度の原則に沿つて運営されるように協力し、及び技術的助言をすることができる」と規定されているのである。

## 八　まとめ

　地方公務員制度における地方公共団体の自律性について考察を行ってきたが、地方公務員法等の関連法律は過度に規律密度が高く、地方自治の本旨に抵触する可能性がある。地方公共団体の自律性は十分に保障されている状況にはない。

　渋谷秀樹は、地方自治法が組織及び運営に限定することなく、極めて広範な事項につき、詳細にその内容を定めていることについて、「このような規定は、極めて不完全であった戦前の地方統治から、後見主義的に地方統制を促進する過渡期の規定としては許容できる」とした上で、「地方分権改革をより一層進めていくためには、再構築すべき時期が到来している」と見直しの必要性を指摘する。(51) 同様に、地方公務員制度についても制度創設期においてはある程度中央集権的な規律も許容されたが、今日のように地方制度あるいは公務員制度が成熟した以上、中央集権的な色彩を一掃して、地方公共団体の自律性を確保する視点で再構築する必要がある。また、地方分権が進展するとともに、働き方改革が強く求められる今日こそ、地方公共団体の独自性を活かすために、地方公務員法等関連法について、地方自治の本旨の視点から見直すべきであろう。

ただし、各地方公共団体が地方公務員制度において、幅広い裁量をもって独自の制度を構築することが可能になれば、各地方公共団体において、競い合って多様な働き方を整備し、多様な人材を確保することが求められる。これこそが地方自治の保障ではあるものの、各地方公共団体がその競争に耐えうる能力を求められることになる。その能力を各地方公共団体が有さない限り、真の地方自治の確立はできない。



注

(1) 室井力は、「現行地方公務員法におけるほど詳細に定めることについては、必ずしも当然に肯定できるものではない」としている(青木宗也、室井力編著『基本法コンメンタール地方公務員法』八頁)室井力(日本評論社、一九七八年))。また、地方公務員制度調査研究会報告『地方自治・新時代の地方公務員制度』(平成一一年四月二七日)では、「地方分権の進展に伴って、地方公共団体における自主的・主体的な人事行政の確立が一層求められている中で、条例・規則等自主立法をどのように活用していくか、また地方公務員制度及び地方公共団体の人事行政における国の役割をどのように考えるかが課題となっている」としている。

(2) 地方公務員法及び地方自治法の一部を改正する法律(平成二九年法律第二九号)令和二年四月一日施行

(3) 法律改正に合わせて示された『会計年度任用職員制度の導入等に向けた事務処理マニュアル(第二版)』(平成三〇年一〇月総務省自治行政局公務員部)では、「会計年度任用職員以外の独自の一般職非常勤職員の任用を避けるべきこと」など、法律の規定以上に厳格な運用を求めている。

(4) 大津浩は、組織編成権に対する中央政府の干渉について「地方自治の制度枠自体は憲法規定により当然に法律から保護されるし、自主組織編成権も、国政・地方政治を問わず人民主権原理に内在する中核要素である」とする(大津浩「国民主権と『対話』する地方自治」長谷部恭男ほか編『ネーションと市民・講座憲法

（3）』二四七頁―二八一頁（岩波書店、二〇〇七年））。また、塩野宏は、「組織は自ら決めるべし、ということを基本とすると、現在の規律の仕方は細かすぎるという批判が可能である。」と現行法の規律密度の高さの問題点を指摘する（塩野宏『行政法Ⅲ（第五版）』一八八頁（有斐閣、二〇二一年））。
（5）総務省ホームページ https://www.soumu.go.jp/main_content/00675581.pdf
（6）塩野宏は、「国家公務員法及び地方公務員法はいずれも憲法の負託に基づくもので、基準法たる性格をもつ。もっともそこには、二つの意味がある。①国家公務員法・地方公務員法が規律の大枠を定め、細部の点を人事院規則ないしは条例・規則・人事委員会（公平委員会）規則にゆだねているという点に基準法的性格（地方自治法制の観点からすれば枠組み法的性格である）をみることができる。その際、国家公務員法においては、規律を政治的に中立の機関である人事院に委ねることに重点があるのに対し、地方公務員法の場合には、基準法たる性格は直接には、地方自治の本旨からして、地方公共団体の判断に委ねるという意味において条例で定めることとしている点にみられる。」としている（塩野　前掲注4　二九九―三〇〇頁）。しかし、国においては、地方自治の本旨から地方公共団体の判断に委ねるという意識が十分とはいえない。
（7）自治研究九七巻五号八〇―九二頁、六号一一五―一三〇頁、八号六七―八六頁（第一法規、二〇二一年）
（8）橋下勇『逐条地方公務員法第五次改訂版』二五頁（学陽書房、二〇二〇年）
（9）塩野宏「地方公共団体の法的地位論覚え書き」東京大学社会科学研究所紀要三三巻三号　二三頁（一九八一年）
（10）野中俊彦ほか編著『憲法Ⅱ（第五版）』三六二頁―三六五頁　中村睦男（有斐閣、二〇一二年）
（11）芦部信喜『憲法（第七版）』三七八―三七九頁（岩波書店　二〇一九年）
（12）井上典之「地方自治―分権推進のためのその意義―」法学セミナー六八八号　一四頁（日本評論社、二〇一二年）
（13）原田一明は、地方自治の本旨について、従来の「団体自治」と「住民自治」の二つの要素以外に、「国と地方との適切な役割分担を読み込むべきであろう」とする（原田一明「日本国憲法が規定する「地方自治の本旨」」兼子仁先生古稀記念『分権時代と自治体法学』七八頁（勁草書房、二〇〇七年）。このような考え方も地方自治の本旨を実質化するための一つの方向性であろう。

（14）杉原泰雄は、「日本国憲法のとくに第一一条、第一三条、第九七条から明らかなように、地方公共団体の政治も、中央政府の政治と同じく、人権保障のためのものであり、人権の最大の尊重を義務づけられといると解される」とする。（杉原泰雄「地方自治の憲法的基礎」憲法論理研究会編『憲法と自治』（敬文堂、二〇〇三年）一五三頁）また、原島良成は「憲法第八章の存在理由を第一に中央政府と地方政府との間の相互抑制と均衡を通じて国民の自由領域を擁護すること、第二に、国政のきめの粗さに対応する、民主的な法律具体化制度の導入にある」とする（原島良成「地方政府の自律（下）自治研究八二巻二号　一二一頁（第一法規、二〇〇七年）」。

（15）杉原　前掲注14　一七九頁

（16）真渕勝「行政学（新版）」四二九頁―四三一頁（有斐閣　二〇二〇年）

（17）Illinois Municipal League HP（https://www.iml.org/homerule）

（18）Osborne M. and Reynolds, Jr.『Local Government Law (5th ed.)』一〇六頁（West Academic Publishing. 2019）.

（19）People ex .rel. Le Roy v. Hurlbut、Mich. 44（1871）, City of Logansport v. Public Service Commission、202Ind.532, 177N.E. 249（1931）など

（20）豊永郁子は、ニューヨーク州憲法と日本国憲法の類似性を指摘し、日本国憲法九二条が Home rule を排除しないという解釈も可能性であるとする（豊永郁子「現憲法下におけるアメリカ型地方自治の可能性」月刊地方自治 六九二号　一九―二〇頁、ぎょうせい、二〇〇五年）。

（21）令和元年度年次経済財政報告）令和元年七月

(22)「二〇四〇年頃から逆算し顕在化する地方行政の諸課題とその対応方策についての中間報告」(令和元年七月三一日)
(23)最判昭和六二年四月一〇日民集四一巻三号二三九頁
(24)最判平成一七年一月二六日民集五九巻一号一二八頁
(25)仲地博「国家と自治体」憲法理論研究会編『憲法と自治』一九〇頁(敬文堂、二〇〇三年)
(26)曽我謙悟「日本の地方政府」一九二頁(中央公論新社、二〇一九年)
(27)仲地博は中央政府と地方公共団体との関係について、「法主体としての国と自治体との関係」、「国と自治体との包含関係」、「国と自治体との関係を政府間関係とする考え方」の三つの側面からとらえることができるとしている。「国と自治体との包含関係」を根拠として、地方自治に関して全国統一的に定めるべき基準に関するものを中央政府が担うことになるとする(仲地　前掲注25　一八九頁)。
(28)原田尚彦「地方自治の現代的機能と条例の機能」ジュリスト総合特集・現代都市と自治)六二頁(有斐閣一九七五年)
(29)市川喜崇は、ナショナル・ミニマムの対象となる分野についても、「教育・衛生・社会保障など福祉国家的な意味でのナショナル・ミニマム保障が必要な分野とそうでない分野に分け、さらに、これらの福祉国家的分野についても、サービス受給者が地域社会における弱者や少数者に限定されるものと、受給者が一定の広がりをもって存在するものに分けるべきである」とさらに対象分野を分けて考える必要があるとする。そしてその上で「前者については国の関与は相対的に厳しいもの」とし「それ以外については、必ずしも厳しい関与は必要ないだろう」とし、国の関与のあり方を指摘する(市川喜崇「ナショナル・ミニマムと地方分権」月刊自治研六〇八号　三五頁(自治研、二〇一〇年)
(30)宍戸常寿は「「法令の規定とその解釈運用が「国と地方公共団体との適切な役割分担」を踏まえるべきとされており、条例の規律を尊重するような立法が望まれ、法令において過剰なまでに細部にわたる規制を行うことはさけるべきであろう。」とする（「憲法と地方自治」全国市長会レポート）四七頁（全国市長会、二〇一六年）。

（31）杉原前掲注14　一六九頁

（32）晴山一穂、西谷敏編著「新基本法コンメンタール地方公務員法」九頁　晴山一穂（日本評論社　二〇一六年）

（33）杉原泰雄は、地方公共団体の組織・運営が中央政府の法律で画一的に定められることになれば、諸条件を異にする各地域にふさわしい自治が大きく制約され、団体自治の保障の趣旨に反することにならざるを得ないからである。憲法の九二条や九四条は、地方自治の組織・運営を「法律」や「法律の範囲内」で定めるとしているが、その法律は、「地方自治の本旨」に従うことを条件とされているから、自治組織権を侵さない大綱的基準を定めうるにすぎないはずである」としている（杉原前掲注14　一六九頁）。

（34）地方公務員制度調査研究会報告「地方自治・新時代の地方公務員制度」（平成一一年四月二七日）では、「地方公務員は、憲法で保障された地方自治を実質的に運営する役割を担うものであり、その身分取扱い等に関する基本的事項は、「地方公共団体の組織及び運営に関する事項」（憲法九二条）として、「地方自治の本旨」に基づいて法律で定められる必要がある。」とする。

（35）晴山一穂「公務員法の理念と課題」専修法学論集一三〇号　二七一頁（専修大学法学会、二〇一七年）

（36）宇賀克也は、「地方公務員については、地方公務員法が定められている。国家公務員法・地方公務員法は、一般職の国家公務員・地方公務員に関する規律の大綱を定める基準法である。」（宇賀克也『行政法概説Ⅲ（第五版）』三六八頁（有斐閣、二〇一九年）としている。しかし、現行法は、規律密度が過度に高く、大綱を定めるにとどまっていない。地方自治の本旨を踏まえて、地方公共団体の組織編成権を拡充する方向での再構築が求められる。また、晴山は「法律主義は、国家公務員と地方公務員に共通するものであるが、地方公務員については、地方自治の保障の観点から、法律事項をできるだけ大綱的なものに限定し、具体的内容はできるだけ地方公共団体の自主法である条例と規則（特に規則）に委ねることが求められるということである。この意味で、本法は、全国的に共通する地方公務員制度の大綱的基準を定めたものと解すべきであり、それ以外の事項については、条例に委ねられているということになる。この意味において、公務員制度に関する法律主義は、地方公務員に即していえば、（法律による全国共通基準の定めを前提とする）地方公務員制度に関する条例主義として現れ、かつ、」公務員制度に関する基準法定主義「の観点から条例の規律自体が基準にとどまるということ、すなわち「地方公務員制度に関する基準条例主義」ということになる。」とする（晴山　前掲注31　九頁）。

(37) 宇賀克也は、「公務員が全体の奉仕者であることから、そのコロラリーとして、公正な競争試験の確保、恣意的人事を防ぐための公務員の身分保障、不利益処分に対する公正な救済の確保、公正中立を担保するための服務規制が導かれる。」とする（宇賀　前掲注36　三四八頁）。

(38) 下井康史『公務員制度の法理論』一一四頁（弘文堂、二〇一七年）

(39) 下井康史は、憲法一五条の規定から「公務員制度における政治的中立の原則が導かれる。この原則を実現するためには、政治的情実に基づく人事（猟官制）や縁故人事を排除し、能力を基準とした人事管理（成績主義）を基本としなければならない。」とする（下井康史　前掲注38　六八頁）。

(40) 鵜飼信成『公務員法（新版）』一一六頁（有斐閣、一九八〇年）

(41) 塩野）前掲注4　三二八頁

(42) 橋本）前掲注8　七四〇頁

(43) 昭和五四年四月一三日衆議院議員上田卓三君提出質問趣意書に対する政府答弁書

(44) 前掲注24

(45) 松村　前掲注7

(46) 国の『働き方改革実行計画（平成二九年三月二八日策定）』では、「労働者の健康確保に留意しつつ、原則副業・兼業を認める方向で、副業・兼業の普及促進を図る。」としている。

(47) 最判平成七年二月二八日民集四九巻二号六三九頁

（48）宇賀）前掲注36　三六九頁

（49）塩野宏は、「地方公共団体の組織・運営に関して国の法律は基本的枠組みないしは大綱を定めるにとどめ、具体的規律は地方公共団体の定めるところによるとするもので、この点は地方自治法（一条）、地方公務員法（一条）、地方財政法（一条）、地方公営企業法（一条）の目的規定にも表明されている。その限りでは、地方自治法制に関する国のレベルにおける法源は、枠組み法とみられる。」とする（塩野　前掲注4　一五二頁）。

（50）最判平成二五年三月二一日民集第六七巻三号四三八頁

（51）渋谷秀樹「地方公共団体の組織と憲法」二一五頁（立教法学七〇号、二〇〇六年）

（まつむら　すすむ・地方自治法）

# Ⅱ　文化行政と自治体

# 1　地方自治体の芸術祭への関与についての行政法的検討
## ――『表現の不自由展・その後』を題材にして――

和泉田　保　一
（山形大学）

## はじめに

**（本稿の目的と方法）**

本稿は、地方自治体がその開催・実施に関与する芸術祭（以下、「自治体芸術祭」という。[1]）を対象として、関与することそのもの、及び関与の際に課されるべき公法的統制について検討することを目的とする。検討に当たっては、筆者の能力の限界により網羅的に扱うのではなく、あいちトリエンナーレ（以下、「あいトリ」という）二〇一九において、その一企画である「表現の不自由展・その後」（以下、「不自由展」という。）の展示作品を巡って論争が巻き起こり、このような芸術祭のあり方についての確認・再検討が迫られていると思われることから、検討課題の選択や検討の手法は、これを念頭においたアプローチをとることとする。

**（検討の対象）**

いずれの芸術祭も、地方自治体が直営で行うものではなく、また、内容の企画から実行まで全てをイベント業者等に委託するものでもない。通例、実施しようという自治体が実行委員会を組織し、多くの場合は、当該自治体の首長が実行委員長となり、その職員の一部がその構成員を兼務する。そしてまた、実行委員会の事務所として自治体庁舎等が、展示場として公立美術館等が使用される。そして、自治体は芸術祭開催に要する費用の一部を負担金あるいは委託料として実行委員会に支出し[2]、実行委員会は、それに、協賛金、寄付金、入場料収入、その他雑収入等を合わせて収入として、各費用の支出に分配するという方式で実施することが一般的であると思われる。

このような実行委員会方式のあり方について詳細に比較・考察することも一つの必要な作業ではあろうが、本稿では、そうではなく、大雑把ではあるが、まず、地方自治体が実行委員会を組織して芸術祭を実施すること全体を助成（資金、人材、施設・場の提供）ととらえる。そして、あいトリ二〇一九における展示の中止、その撤回のような非常時の対応を、助成事業実施における危機管理の問題ととらえる。つまり、本稿でいう「関与」とは、地方自治体の、この助成と危機管理を指すこととする。実行委員会のあり方については、この文脈の限りにおいて、その構成や体制についても、骨格的な部分を検討の対象とする。

**（本稿の構成）**

はじめに「自治体が関与する芸術祭」についての概略について描出し、また、あいちトリエンナーレの位置づけを確認する（一）。

次に、芸術に対する助成と危機管理に関する公法（憲法、行政法）的統制について、その全体像を把握し、典型的判例について位置付けを行う。その際、それぞれの局面について関わってくる表現の自由に関する憲法学上の成果を参照して、上記公法的統制の原則への修正（つまり、表現の場における公法的設定ルールの解釈適用における、表現の自由の観点からの修正）として捉える（二）。
そして、芸術祭を実行委員会方式で実施する場合において、上記における各アクター（公の施設の管理者、文化芸術専門職、再委託先等）に関する構造はどのように変容を受けるのか、また、実行委員会方式で実施するにおいて必要な考慮について、若干の検討をすることとする（三）。

## 一　地方自治体が関与する芸術祭、あいちトリエンナーレの概要

### 1　地方自治体が関与する芸術祭についての概要

地方自治体がその開催・実施に関わる芸術祭としては、大地の芸術祭―越後妻有アートトリエンナーレ（以下、「大地の芸術祭」という。）の成功を画期として、隆盛の時代を迎えていると思われる。[3][4] 地方における芸術祭の特徴として、例えば、大地の芸術祭では、基本的に、芸術家が地域（集落）に入り、その土地や住人との何らかの相互作用により芸術作品を作成し展示する（集落の住人が作品の維持管理を行い、また、解説をする例もある）。そのような作品について観客が鑑賞しようとする場合、まず、その集落を訪れなければならない。そして、訪れる道程において観客は、その土地の風土や自然や人々や食に触れて、そのような何やらを既に鑑賞しつつ、目的の作品にたどり着く。[5] このような魅力に触れて、芸術作品（芸術家）も、観客も、集落の住人も、何らかの得るものがあり、結果として、訪れる観客や移住者によって少なからぬ経済効果がもたらされる。自治体芸術祭には、多かれ少なかれこのような図式に見られるようなメリットが存し、これが自治体が芸術祭の開催・実施に関わるインセンティブとなる。

国は、文化芸術基本法[6]において、このような文化芸術について、「人々の創造性をはぐくみ、その表

現力を高めるとともに、人々の心のつながりや相互に理解し尊重し合う土壌を提供し、多様性を受け入れることができる心豊かな社会を形成するものであり、世界の平和に寄与するものであ」り、「それ自体が固有の意義と価値を有するとともに，それぞれの国やそれぞれの時代における国民共通のよりどころとして重要な意味を持ち、国際化が進展する中にあって、自己認識の基点となり、文化的な伝統を尊重する心を育てるものである。」（前文）と位置づけており、文化芸術に関する施策については、「文化芸術活動を行う者等の自主的な活動の促進を旨として、文化芸術に関する施策の総合的かつ計画的な推進を図」るとし、「もって心豊かな国民生活及び活力ある社会の実現に寄与すること」をその目的として掲げている（一条）。地方自治体については、「文化芸術に関し、国との連携を図りつつ、自主的かつ主体的に、その地域の特性に応じた施策を策定し、及び実施する責務を有する。」と規定している（四条）。

なお、基本理念を定める同法二条の第一〇号は、「文化芸術の固有の意義と価値を尊重しつつ、観光、まちづくり、国際交流、福祉、教育、産業その他の各関連分野における施策との有機的な連携が図られるよう配慮されなければならない。」と規定しており、冒頭述べた地方における芸術祭の有する社会経済的価値については、国も十分に認識していることがわかる。(7)

2　あいちトリエンナーレの概要(8)

あいトリは、大地の芸術祭とは異なる都市型芸術祭(9)としてまた別の一定の役割を果たし、その地位を高めつつある。(10)大地の芸術祭などの非都市型芸術祭(11)との相違として、都市型芸術祭においては、開催回ごとに、先鋭的あるいは論争的なテーマが設定されることが多い。(12)他方、非都市型芸術祭は、その地域に観客を誘致すること自体を主たる目的とするため、基本的に、その地域そのものがテーマとなっており、開催回ごとに改めてテーマを設定する必要性は小さいと思われる。

あいトリ実施の経緯の概略は以下の通りである。

・二〇〇七年「文化芸術創造あいちづくり推進方針」（文化基本計画）策定
　国際芸術祭の定期開催が盛り込まれる。
・二〇〇八年「あいち国際芸術祭（仮称）基本構想」
　愛知芸術文化センターの複合機能を活かし、現代美術を中心に舞台芸術を含めた芸術祭を開催してゆく方針が決定。
　国際芸術祭（仮称）実行委員会設置（同年六月）
・二〇一〇年「あいちトリエンナーレ二〇一〇」との呼称が決定（建畠哲芸術監督による）
　テーマを「都市の祝祭 Arts and Cities」とする。
目的・コンセプト（実行委員会規約より）
　新たな芸術の創造・発信により、世界の文化芸術の発展に貢献します。
　現代芸術等の普及・教育により、文化芸術の日常生活への浸透を図ります。
　文化芸術活動の活発化により、地域の魅力の向上を図ります。
・二〇一九年のテーマは、「情の時代 Taming Y/Our Passion」
　コンセプトの要約[13]「感情を煽られた人間は、本来はグレーであるものをシロ・クロはっきりとした対立軸で捉えるようになる。しかし、人間は、それが合理的な選択でなくても、困難に直面する他者に対し、とっさに手を差しのべることができる生き物だ。いま人類が直面している問題の原因は

「情」にあるが、それを打ち破ることができるのもまた「情」なのだ。」

あいトリ二〇一九は「情の時代 Taming Y/Our Passion」をテーマとして実施された。その一企画である「表現の不自由展・その後」の展示作品を巡って、SNS上などで論争が巻き起こり、一時、件の展示は停止に追い込まれ、その後短期間だけ再開されたことは周知の通りである。このような大きな問題が起こったことには、芸術祭に多くの国民が関心を持ち、その影響力が少なからぬことが一因であると思われる。そして、その影響力のゆえに、論争を拡大しかねず、また、「芸術」あるいは「表現」の自由に関わるイベントであるがゆえに憲法上の問題に波及しえ、ひとたび対応を誤ると、当該芸術祭の中止のみならず、芸術や表現をめぐる社会状況に悪影響を及ぼし[15]、国民の分断を助長しかねない。

## 二　地方自治体が芸術に対して関与するにあたって適用されるルール

### 1　予備的考察

(1)助成をすることが適法であるか違法であるかの統制（消極的統制）

公権力は表現の場を用意し提供する憲法上の義務を負うわけでない。そのため、利用者は、原則として、表現の場を利用する憲法上の権利を有するわけでもない[16]、とされる。この理は、地方自治体が、給付行政として、表現の場を提供するために公金を支出することをはじめとして何らかの助成を行うこと一般についても同様に当てはまるといえよう[17]。

しかし、国家や地方自治体が助成を行う場合には、その対象について、憲法上、あるいは地方自治法上の制限がある。まず、公金その他の公の財産の支出等は、宗教上の組織若しくは団体の使用、便益若しくは維持のため、又は公の支配に属しない慈善、教育若しくは博愛の事業に対しては禁止される

（憲法八九条）。また、公務員は全体の奉仕者であって全体の奉仕者ではないと規定され（憲法一五条二項[18]）、これらから、一部の宗教的あるいは思想的等党派等を対象とするような偏った助成も禁止されると解される[19]。

次に、地方自治法上、地方自治体が寄附または補助[20]を行う場合には、公益上の必要を要する（同法二三二条の二）。

このような統制が具体的に作用するのは、地方自治体においては、住民監査請求、住民訴訟が想定される。その際、地方自治体の財務会計行為に対して課される統制として、最小費用最大効果原則、その他支出手続についての規律があるが、これらは対象が芸術祭であることにより固有の問題が発生するとはいえないであろう。財務会計行為の原因行為に違法がある場合にも、住民訴訟上違法とされる場合がある。まずは、上述の公益上の必要性の有無の問題が想起されるが、憲法89条に反する助成、政教分離原則に反した公金支出もこの論理により違法とされうる[21]。

公務員法では、公務員が全体の奉仕者たるに相応しくない非行をした場合に、当該公務員を懲戒処分に処することができるとする規定があり（地方公務員法二九条等）、下級審であるが、第三セクター等への違法な職員派遣に対する住民訴訟において、「職務専念義務は、全体の奉仕者である公務員の服務全体に通じる基本原則であって、地方公共団体の行政の運営もこれに拘束されるものと解すべき[22]」とする説示がみられる。

これらの規範が作用する事態としてただちに想起されるのは、芸術祭とは名ばかりで、その実体が特定の宗教や党派、あるいは私的主体への支出を目的とするような、幾分、例外的な事例であるが、自治体芸術祭において、そのような極端な事態が生ずることは想定しがたい。また、補助金等の支出については、地方自治体に広範な裁量権が認められる裁判例が多い[23]上、芸術祭への補助金等の支出は、その実際の効用が図り難い部分も多いものの、経済波及効果を算出し、あるいはアンケートを集計し、好意的な回答が多いことなどを以て公益上の必要が強調されることが一般的である。

従って、問題は、個別のあるいは一部の芸術作品が、党派性を有するなどして上記のいずれかの規範に違背することが疑われるような場合である。「不自由展」での問題と考えられるのは、批判者によれば、まさに「一方的な政治的表現」あるいは「反与党的表現」ということになろう。さて、上述の統制は、芸術祭において助成される一部の／個々の作品に対して適用されるであろうか。

高松市「菊池寛全集」事件地判[24]においては、高松市がその事業として菊池寛全集を刊行したところ、その一部として皇国史観・軍国主義的内容を含む作品が含まれており、それらに対して市長がした支出等が違法であるとして提訴された住民訴訟について、「右作品を収録した各巻には『全集』であることが明記されており……現行憲法施行後半世紀を経て国民主権、平和主義の価値観が定着している現在…、右作品の刊行をもって直ちに同市が皇国史観、軍国主義的内容に賛成、容認の意思を示そうとしていると認めることはでき」ず、「文学的研究資料として現行憲法の価値観と相容れない内容の作品を収録することには、合理的理由があり、本件全集刊行のためになされた本件各支出命令が憲法に反するとはいえない」とした。本判決は、本件全集の刊行という「表現の場」について、その刊行の目的という〈設定ルール〉[25]に合理性があれば、そのルールに従った支出等であるならば、憲法の価値観と相容れない作品に助成することであっても違法とはならない、との論理の下、「文学的研究資料として、菊池寛という作家の全集を編む」という、表現の場に係る〈設定ルール〉には合理的理由があって、上記支出であっても違法とはならない、という論理的構造を有すると考えられる。ここにおける、「合理的理由」を肯定する重点が、「全集」の一部として収録することにあるのか、「文学的資料として」(全集を）編むことに置かれているのか、必ずしも明確でなく、前者に重点があるのなら、全集というくくりであればその網羅性の観点からその一部に反憲法価値的な作品収録が許容されることになるし、後者であるのなら、文学的資料としてその作品を選択したという（専門職の）判断により許容されることになると思われる。いずれにせよ、個別的には違法な助成が、表現の場の〈設定ルール〉（ここでは、全集を編むこと）に従えば、その〈設定ルール〉に合理性があれば、適法となる場合がある、ということはいえそうである。

なお、横大道聡は、この判決からは、「皇国史観的、軍国主義的内容に賛成、容認」する作品のみに限定した〈設定ルール〉による表現の場の創設は許されないという理解が読み取れる、とする。(26)

(2)作品への助成をしないこと（排除）に対する統制（積極的統制）

(1)のテストにおいては適法であることが前提であろうが、芸術祭等において、ある芸術作品の展示が妨げられることが、その展示に関するルール〈設定ルール〉に鑑みて、違法とされることがある。この場合、その場に展示されるという助成が、権利として認められるといいうると考えられる。事例としては、以下に示すとおり、国家賠償訴訟（後掲ウについては民事訴訟）上、いずれも、表現を行う者についての権利として、それに関わる公務員の職務上の義務との表裏において認められた。このような権利／義務の肯定は、(1)と同様に、助成を行うに当たっての法的統制と考えられる。これら事例においては、横大道によれば、芸術作品の展示は表現の自由に関わることから、そこでは、表現の自由を保障する憲法が、その〈設定ルール〉の解釈の仕方に一定の作用を及ぼしているというのである。(27)横大道による分析に依拠した上で、ここでは、その設定ルールを公法上のもの（①）とそれ以外のもの（②）とに分け、次の通り整理し、その後にこれら諸判例について分析をこころみることとする。

①設定ルールが公法上の法制度である場合

ア　公立図書館での陳列：船橋市立西図書館事件最判(28)

図書館法、社会教育法、教育基本法によれば、公立図書館は、「住民に対して思想、意見その他の種々の情報を含む図書館資料を提供してその教養を高めること等を目的とする公的な場」であると位置付けられ（以上が、〈設定ルール〉）、その職員は、「独断的な評価や個人的な好みにとらわれることなく、公正に図書館資料を取り扱うべき職務上の義務」を負うところ、「公立図書館において、その著作物が閲覧に供されている著作者が、著作物によってその思想、意見等を公衆に伝達できる利益は、著作者の思想の自由、表現の自由が憲法により保障された基本的人権であることにもかんがみると、法的保護に値する人格的利益であ」り、「公立図書館職員が閲覧に供されている図書を著作者の思想や信条を理由とするなど不公正な取り扱いによって、廃棄することは」著作者との関係において国家賠償法上違法となる、とした。

イ　公民館だよりへの掲載：九条俳句訴訟高判(29)

社会教育法上の公民館の…目的、役割及び機能に照らせば、「公民館は、住民の教養の向上、生活文化の振興、社会福祉の増進に寄与することを目的とする公的な場」であると位置付けられ（以上が、〈設定ルール〉）、公民館の職員には「上記の目的・役割を果たせるように、住民の公民館の利用を通じた社会教育活動の実現につき、これを公正に取り扱うべき…職務上の義務」があり、この義務に違反した場合は国賠法上違法となる」ところ、

「公民館の職員が、住民の公民館の利用を通じた社会教育活動の一環としてなされた学習効果の発表行為につき、その思想、信条を理由に他の住民と比較して不公正な取扱いをしたときは、その学習成果を発表した住民の思想の自由、表現の自由が憲法上保障された基本的人権であり、最大限尊重されるべきものであることからすると、当該住民の人格的利益を侵害するものとして、国家賠償法上違法となる」、とした。

②設定ルールが私法上のあるいは条理上の原則である場合

ウ　芸術展での展示：静岡県芸術祭美術展事件地判(30)

「県教委は前記募集要項の公表によって（括弧内略）、審査の結果入選とされた作品を県美術展において展示すべきことを広く一般に約束したものであって、入選し展示することまでが右懸賞広告の報酬に当たり、」（以上が、〈設定ルール〉）「入選者はその作品が展示されることを契約上の権利として要求しうる」ところ、

「展示される権利は、表現の自由とかかわりあうものであるから、展示をしないことが許される事由はきわめて限られた例外の場合でなければならない。」（…として、展示しないことが許される事由を限定している）

エ　タウンミーティング（ＴＭ）への参加・発言：京都市ＴＭ事件高判(31)

「公務員が職務を行うに当たり廉潔性を求められることは当然であることからは、応募者の中から無作為の抽選により当選者を決定すると公表した以上、応募しようとする者が、その公表のとおり抽選が行われると信頼するのもまた当然であって、特段の事情もなく、かつ抽選を行わない旨明らかにすることもせずに、作為的に参加させない者を決定して上記信頼を裏切ることが、不当であ

ることは明白である。」ところ（以上が、〈設定ルール〉）、「条理上（国家公務員法九九条及び地方公務員法三三条参照）、本件において、抽選がされるものと信頼して応募した者のその信頼は、法的な保護に値」し、「そのような抽選を行わなかったことは、応募者との関係でも、条理上、公務員の職務義務に反し、国家賠償法上違法である。」

本判決においては、憲法上の表現の自由に言及されておらず、憲法は特段の役割を果たしていないようであるが、公務員の廉潔性、あるいは、公務員法上の信用失墜行為の禁止規定を援用して、条理上として強調する点から、憲法上の責務とはいえないまでも、公務員がそのような表現行為に係わる場合における特段の義務・職責の存在を認めていることは、明らかである。(32)

(3) 危機管理

③ 設定ルールが公法上の法制度である場合

次の例は、助成者側に危機的事態への対応に際して課される統制として、参照することができよう。

オ　公の施設の使用許可：泉佐野市民会館事件最高裁判決(33)

「本件会館は、地方自治法二四四条にいう公の施設に当たるから、被上告人は、正当な理由がない限り、住民がこれを利用することを拒んではならず（同条二項）、また、住民の利用について不当な差別的取扱いをしてはならない（同条三項）。本件条例は、同法二四四条の二第一項に基づき、公の施設である本件会館の設置及び管理について定めるものであり、本件条例七条の各号は、その利用を拒否するために必要とされる右の正当な理由を具体化したものである」（以上が、〈設定ルール〉）、「…ので、管理者が正当な理由なくその利用を拒否するときは、憲法の保障する集会の自由（ここには「表現の自由」を代入することができるであろう。著者註）の不当な制限につながるおそれが生ずることになる。従って本件条例七条一号及び三号を解釈適用するに当たっては、…使用を拒否することによって憲法の保障する集会の自由を実質的に否定することにならないかどうかを検討すべきである」（として、施設利用を拒否できる場面を厳格に解した）[34]

## 2　検討

### (1) 憲法的観点から

1(2)において、①は公の施設に係る事例であるが、そこでの展示（助成）について、原則、権利づけられるものとはいえない。しかし、公立図書館（ア）においては、その〈設定ルール〉から導出される当該職員の職務上の義務に鑑みて、その閲覧に供している作品を廃棄することについて、それが不公正な扱いとして行われた場合には、当該作品の著作者の利益が憲法上保護されるものでもあることに鑑みて、国賠法上違法となるとした。また、社会教育施設（イ）においては、その〈設定ルール〉から導出される当該職員の職務上の義務に鑑みて、そこでの学習成果が公民館だよりに掲載されることについて、その思想、信条を理由に他の住民と比較して不公正な取扱いをしたときにも、その学習成果を発表した住民の思想、表現の自由が憲法上保障された基本的人権であり、最大限尊重されるべきものであることにも鑑みて、国賠法上違法となるとした。横大道に拠れば、これら事例において、問題となっている利益や権利は憲法上保護されるものであることから、不公正な取り扱いによるそれらの廃棄（ア）、不掲載（イ）が違法となるという解釈に結びついている。

②においては、参照されたのは、公の施設の〈設定ルール〉ではなく、ウは当該芸術祭等の展示に関するルール、エは、公表された選考方法であったというものである。

ウにおいては、契約上の「入選作は展示される」というルールに違背して展示しないことが許される正当な理由について、憲法上の表現の自由に関わることから厳格に限定した（非国家賠償事件）。この理は、美術展が、民間団体が主催であり、職員が民間法人の職員等であったとしても適用されうるであろう。(35) いずれにしても、ここまで（加えてオまで）は、問題となっている権利や義務が憲法上保護されることから、その保障が強調された事例に入るものといえる。

これに対して、エにおいては、集会のルール（応募者の中から無作為の抽選により当選者を決定するとの公表）を参照して、それに違背することは、条理上、公務員の職務上の義務に違背する、としており、憲法上の権利等には言及はない。このことについて、横大道は、条理に反することを理由として違法とされており、あえて憲法上の権利を持ち出す必要がなかったと解すこともできる、とする。(36)

別の解釈として、②においてであっても、違法な取り扱いをした者が公権力の行使にあたる公務員といえる場合には、①と同様に国賠法上の公務員の職務上の義務違背が問題にされ（エ）、そうでない場合は、契約上の債務や義務違背が問題となる（ウ）とみることで、整合的な解釈ができるとするべきか。

ウ、エについて、それぞれの判断の帰趨やそれらの是非等について、興味深い論点や問題を含むものと思われるが、更なる検討については別稿を期すこととしたい。

1(3)の場合において、展示が反対者のテロ的反対運動に晒されるような危機的事態において、展示を認めるか否かあるいは継続するか中止するかの判断の適法違法については、その展示をしようとする施設が公の施設であり、その判断が当該職員によるものであれば、オのように憲法上の観点からの考慮が作用する。しかし、実行委員会方式を採り実行委員会が判断する場合においては、契約法上の問題となると思われる。

⑵行政法的観点から

まず、展示事業主体が公の施設である場合は、公の施設の〈設定ルール〉について検討され、そこから導出される公務員の職務上の義務を介して、展示される（助成される）権利について言及され肯定されている（ア、イ）が、ウでは、公の施設であったが、そうではなくて、契約上の義務の問題としている。ウの場合、美術館の設定ルール（設置条例等）から、入選作は展示されるというルールを導出するのは困難であることから、契約上の義務が援用されたことは理解できよう。芸術祭を実行委員会方式で実施する場合も、当然、実行委員会と出展者との間の契約法上の法理によることとなろう。そうすると、その場合、実行委員会の職員は、国家賠償法上の公権力の行使にあたる公務員たりえないことになると思われる。

エについては、条理上の公務員の職務義務から、TMにおける参加や発言の権利が導出されており、憲法上の権利や公の施設の設定ルールへの言及はない。しかし、条理を援用していながら、「公務員が職務を行うに当たり廉潔性を求められる」「条理上（国家公務員法九九条及び地方公務員法三三条参照）」として公務員の職務上の義務違反を導出している点は興味深い。この法理によれば、エのような事態が民間団体等が実施した集会で起こった場合には、そのような取り扱いは違法とはされえないという理解が前提にあるように思われる。その是非はともかく、問題となっている法益、「信頼の保護」について、憲法上の権利に関連づけることができなくとも、公務員の廉潔性や信用失墜行為禁止規定から、それに対する信頼を私人同士の法関係よりも手厚く保護した。

憲法上の権利が関わることで、いわば、助成される権利が認められる方向に作用した事例をみてきたわけであるが、その前提として、展示施設が公の施設であること、あるいは、関わる人員が公務員であることが、憲法上の権利保障と相俟って、特段の高度な職務上の義務を導出することに繋がっていることも判った。そうすると、芸術祭を直営で実施するか実行委員会方式で実施するかによって、これら、危機的事態への対応や、展示される権利の根拠となる規範の所在、権利の帰趨について、異なった取扱いがなされることが予想できる[37]。そこで、次に、この直営によるか実行委員会方式によるかに起因する異同について、若干の検討を行う。

## 三　芸術祭の実施体制についての若干の検討

### 1　概説

冒頭、本稿は、芸術祭を実行委員会方式で実施する場合を問題とするものであるとした。

自治体芸術祭の開催方式としては、直営、実行委員会方式、業務委託が考えられるが、その中で実行委員会方式を採る理由については、管見にして、いずれの芸術祭の場合についても、どのような議論により何を重点にして決定されたのかについての経緯がわかる資料はみあたらない。しかし、直営方式では、予算の歳出歳入の款項について議決が必要であり、柔軟性に欠け、また、その他の団体の人材、資金などを含め入れることに煩雑な手続きを要すること、業務委託方式では、人材の兼務ができず、地域との関係を築くことにつながらず、地域の祭りとしての性格を減じ、あるいは、ノウハウも蓄積されないことなどから、実行委員長をはじめとする主要な役員・人員を自治体職員の兼務とする実行委員会方式によればそのようなデメリットもなく、また、収入支出についても柔軟性があるため、消去法的に選択されるのではないかと推察される。

なお、実行委員会方式といっても、個々の芸術祭によってその内容は異なる。そもそも、実行委員会への支出が委託料であるか負担金であるかについてすら相違が見られる。

それらの相違の中でも、実行委員会による業務再委託の有無や態様についても留意する必要があろう。あいトリ二〇一九では、「不自由展」実行委員会への業務が再委託され[38]、これには本体の実行委員会のキュレーション[39]が及ばなかったとされている[40]（この問題については、後述する）。但し、この点について、他の芸術祭との比較は困難である。あいトリの開催報告書[41]にはそのような再業務委託については記載されておらず（広報業務委託費が計上されたことが判るのみである）、文化庁の補助金削減に対応してはじめて公表されたようであり、この他の開催年あるいは二〇一九年においてこの他になされていたかどうかは判然としない。他の芸術祭において、そうした記述の有無や詳細度は異なる。大地の芸術祭については、総括報告書によると、芸術監督である北川フラムが代表取締役会長をつとめる株式会社アートフロントギャラリー（ＡＦＧ）への業務委託費が経費全体の八五％程度であることが判り、芸術部門に関してはほぼ外注に拠っていることが推察される[42]。ヨコハマトリエンナーレについては、業務委託費が計上されているが、全体経費のうちの七％程度であり、二〇二〇年の業務委託公募文書[43]によれば、芸術部門についてまで外注するものではないようである。

## 2　委託・再委託についての検討

### (1) 自治体芸術祭という位置付けの問題として

実行委員会方式を採ることには、その職員としてそれらの業務に精通した外部の専門家を任命できるというメリットがあると思われる。また、このことで、自治体の職務のラインから離れ、芸術部門の自律性を確保することも可能であろう[44]。しかし、一方で、芸術祭のコンセプトに従った展示作品の決定や選定を指示する立場である芸術監督やキュレーターについては、自治体との連絡（意思疎通や議論）を密に取ることができることが望ましいであろう（但し、その自律性は冒されることは望ましくない）。この観点からすれば、例えば、キュレーターがその位置から離れるような方式は問題がある。そうすると、そのような業務の再委託（キュレーションの実質的な再委託）は、自治体芸術祭という位置づけからして、原理的に許容し難い[45]。少なくとも、キュレーターの人選について、実行委員会（長）が直接関与できるべきであると思われることから、仮に大幅な再委託をする場合には、そのような統制が働く契約内容である必要があろう。「不自由展」の実施に際しての、業務（再）委託契約においては、「不自由展」実行委員会は本体実行委員会のキュレーションを受けることとなっていたにも拘わらず、契約締結の遅れのせいで、それが及ばず、結果として、実質的に、キュレーション業務も再委託された形となった[46]。このことで、「不自由展」についての設定ルールに反すると思われる作品（展示が妨げられなかった作品や新作）が展示され、ルールに適合すると考えられる一定のジャンル（わいせつ性を理由に展示中止となった作品）が展示されなかった[47]。また、契約締結が順調にいかなかったことで作品の搬入の開始も遅れ、問題となった作品を本体実行委員会の委員の大半が直前まで見ることができず[48]、このことが、批判派への対応等にかかる事前の準備が不十分に終わった要因となった可能性のあることが反省材料として指摘されている[49]。

(2)自治体の公金支出の問題として

自治体が実行委員会に対して支出するに当たって法的問題となりうるのは、まずは、地方自治法二三二条の二の「公益上の必要」の有無であるが、このことは、直接、芸術に助成する場合と変わりはない。しかし、再委託を行う場合は、「公益上の必要」の有無について、把握しきれなくなるおそれが生じやすいであろう。

議会による統制の観点からも、地方議会において、補助金や委託金の予算案については、ある程度、内容を精査した上で議案に上がることが通例である（その上で議決するのであれば、その限りで議会による統制は作用しているといえる）が、やはり、その内容に再委託が含まれる場合、ブラックボックス化するおそれがある。

とはいえ、再委託一般に問題があるのではなく、⑴や上記の問題を生じないような、会場設営のみといった単純業務の再委託であれば、民間業者のノウハウを活かした、高品質化・コストダウンなどのメリットが期待できるであろう。

⑶職員の職務上の義務の問題として

公の施設を使用する場合、直営方式であれば本来作用するべき管理者による直接の統制が、実行委員会方式で実施することにより、及ばなくなる場合がある。このことは、2の予備的考察でみた、展示（助成）される方向で拡大された権利保障が及ばなくなる可能性をもたらす（但し、そのことを念頭において条項を周到に練った契約を締結すれば問題は回避できるのかもしれない）。あいトリ二〇一九においては、公の施設である愛知芸術文化センターが展示会場の一つとして利用されていた（「不自由展」もここで開催された）ところ、管理者による使用許可は、実行委員会に対して、開催前年に一括で発出されており、検討委員会では、「不自由展」の中止・再開の問題は、憲法問題ではなく、契約上の問題であると整理されているのである（中止の決定は、実行委員長の専決に拠っている）。

そして、再委託による場合は、更に、上述したように憲法上の「保障」が遠隔化することになる。

また、職務上の義務に関して、蟻川恒正は、文化専門施設の職責について、「自らの判断によって展示を企画すること。そのために作品を選定し、これを公開すること。そして、そうであるからには、自らの企画とそれに参加した作品とを外部の全る干渉から擁護すること。これらが、公立美術館の専門職能に基づく職責の主要部分である」とし、「職責とは、一面において、それをなすことを職業上の義務として課させられ、命ぜられているという自由制限的契機と、他面において、かかる義務を尽くすことに対して外部から掣肘が加えられることを排除する自由指向的契機とが、分かち難く結合したところに成立する現象に他ならない[50]」とする。少なくとも、芸術祭においてこの職責を担うべき者のポストについては再委託されてはならないと思われる。

このことに関連して、恒常的にAFGが受託している大地の芸術祭においては、論争的な（多くの場合、その方が創造的であるといえよう）芸術家や作品を忌避するインセンティブとなってしまうことが懸念される[51]。論争による批判の激化は、業務委託先の見直しにつながりかねないからである。仮にそのような懸念が現実であるならば、芸術の創造性を殺ぐことに結果しかねないのである。

## 注

（1）本稿において地方自治体が関与する芸術祭として念頭においているのは、あいトリの他、大地の芸術祭（新潟県十日町市・津南町）、ヨコハマトリエンナーレ（横浜市）、瀬戸内国際芸術祭（香川県）、神戸ビエンナーレ（神戸市、兵庫県）等である。地方自治体がその開催・実施に関与することの他に、現代美術を主な対象とすること、世界中からの来客を想定していることが共通点として挙げられる。

（2）なお、あいトリでは、愛知県、名古屋市は負担金として、大地の芸術祭では、十日町市は委託料として支出している

（3）ここでは、来場者が内外から五五万人以上を数え（二〇一八年）、二〇〇〇年から三年ごとに必ず実施され、次回の二〇二一年も開催予定であり、一定の経済波及効果も上げており、これを範としていると思われる同様の芸術祭（例えば、瀬戸内国際芸術祭）を誘発していることを以て、「成功」と表した。

（4）前掲注（1）に挙げたような芸術祭が次々と企画、実施されていることを指す。

（5）もっと直裁的に、棚田を維持するために、現地では棚田オーナー制度が発案され、実行されているが、棚田自体がアートの一部になっていることもあり、この制度自体もオーナーが田植えや稲刈りに参加できることもあわせて、アート作品として位置付けられているようである。

（6）平成一三年法律第一四八号。

（7）国が文化芸術の有する社会経済的価値について強調しすぎる点を批判するものとして、参照、藤野一夫「まとめに代えて」藤野『基礎自治体の文化政策：まちにアートが必要なわけ』（水曜社・二〇二〇）二四四―二五四頁（二五一頁以下）。

（8）二〇〇七年から二〇一〇年までの経緯について、参照、吉田隆之『トリエンナーレは何をめざすのか　都市型芸術祭の意義と展望』（水曜社・二〇一五年）。

（9）吉田隆之の定義に拠る。吉田は、この他、横浜市、神戸市などにおいて実施される芸術祭について、①自治体が主な主体であること、②政令指定都市が主たる会場であること、③事業費が毎回数億円以上の規模であること、という共通事項を以て、都市型芸術祭と呼ぶ。参照、吉田・前掲注（8）。

（10）例えば、あいトリ二〇一〇では、七割以上の来場者が芸術に対する興味・関心が高まったと回答、会場の一つであった長者町地区では、会期終了後に自主的取組みが始まった。参照、吉田・前掲注（8）。

（11）先鋭的なテーマは論争的な芸術作品を呼び寄せるであろう。蟻川恒正によれば、フィス（Owen M. Fiss, *Art and the Activist State*, in Fiss, The Irony of Free Speech 27 (Harvard University Press, 1996)）は、政府による助成の意義を、芸術を公衆に近づけ、公衆の討議を熾んならしめる点に見ている、とする（蟻川「国家と文化」『岩波講座現代の法（1）現代国家と法（岩波書店・一九九七年）』一九一―二二四頁（二一〇頁）。これによれば、政府が助成する上でという限定付きではあるが、論争的な芸術作品ほど意義深いことになる。

（12）例えば、ヨコハマトリエンナーレ二〇一七では「星と星座とガラパゴス」、ヴェネチアビエンナーレ二〇一九では、「数奇な時代を生きられますように」がテーマであった。

（13）あいトリ「パンフレット」による。全文は、あいトリウェブサイト。
https://aichitriennale.jp/news/2017/002 033.html（二〇二〇年一一月八日閲覧）。

（14）報告者は、再開・表現の不自由展・その後に、最終日に来訪し、幸運にも抽選に当選し、入場することができた。それは、その前日に雑談をした横大道聡慶應義塾大学教授よる後押しがきっかけとなった。また、本稿における考察についての多くを教授に拠っている。ここに、横大道教授に対して感謝の意を表する。

（15）例えば、強硬な抗議活動が開催中止につながるという「成功体験」が拡大すれば、先鋭的な表現活動が困難になるであろう。また、自治体における芸術祭への消極的な態度を招来するかもしれない。

（16）横大道聡「表現の自由の現代的論点」法セ六五巻七号（二〇二〇年）二四―二九頁（二四頁）。

（17）横大道・前掲注（16）は、その例外として、新潟県公安条例最判最大判昭和二九年一一月二四日刑集八巻11号一八六六号等のパブリック・フォーラム論を挙げるが、このような論点については、地方自治体が積極的に関与する芸術祭を扱う本稿においては考察の対象としない。

（18）また、社会教育法二三条一、二項は、公民館に限定してではあるが、政治的、宗教的に偏向した事業等を禁止している。

（19）憲法八九条にかかる判例について、参照、碓井光明『要説自治体財政・財務法　改訂版』（学陽書房・一九九九年）一八二頁以下。

（20）同条は負担金についても妥当するとする判例がある（徳島地判平成六年五月一三日判自一四一号二九頁、「四国霊場八十八か所お砂踏み館」負担金返還等請求事件）。

(21) 参照、碓井光明『要説　住民訴訟と自治体財務　改訂版』(学陽書房・二〇〇二年) 一四三―四頁。
(22) 青森地判平成一六年五月一一日判自二六九号七二頁。
(23) 例えば、日韓高速船補助金訴訟最判平成一七年一一月一〇日判時一九二一号三六頁、陣屋の村補助金訴訟最判平成一七年一〇月二八日民集五九巻八号二二九六頁を参照。
(24) 高松地判平成一〇年一一月二四日判タ一〇五八号一六六頁。控訴審も同旨。
(25) 本稿では、横大道・前掲注(16)に倣い、〈 〉記号を使用する。
(26) 横大道・前掲注(16)二八頁。なお、アメリカ憲法学における議論においては、そうであっても、公権力がそのメッセージの発信者であると理解される仕方で表現が行われる限り、適法違法の問題にはならない、とされる(政府言論の法理)。横大道・前掲注(16)一九頁。
(27) 横大道・前掲注(16)二五頁以下。
(28) 最一判平成一七年七月一四日民集五九巻六号一五六九頁。
(29) 大阪高判平成三〇年五月一八日判時二三九五号四七頁。
(30) 静岡地判昭和四七年六月二日判時六七一号二六頁。
(31) 大阪高判平成二一年九月一七日判時二〇六八号六五頁。
(32) 横大道・前掲注(16)二七頁。
(33) 最三判平成七年三月七日民集四九巻三号六八七頁。
(34) 上尾市福祉会館事件最判(最判平成八年三月一五日民集五〇巻三号五四九頁)も同旨。
(35) 判決文においては、「民間で主催される同種の展覧会等における主催者と出品者との関係と、本質的に異なるところはなく、私法上の契約関係をもつて律すべきもの」と明記している。
(36) 横大道・前掲注(16)二七頁。
(37) 但し、ウのような事例においては、当該判決の準則によれば、変わりはないことになる。

(38) 当該部分の費用としては四二〇万円であり、協賛金でまかなったとのことである。参照、あいちトリエンナーレのあり方検討委員会『『表現の不自由展・その後』に関する調査報告書』(以下、「調査報告書」という)(二〇一九年) 七三頁。

(39) キュレーションとは、例えば、「展覧会やプロジェクト企画の実現を通して、鑑賞者と作品を媒介する」ものとされ、芸術祭においては、そのテーマに沿って芸術家や作品を選定することを意味する。参照、あいちトリエンナーレのあり方検討委員会『今後の「あいちトリエンナーレ」の運営体制について(第一次提言)』四一頁。

(40) 調査報告書・前掲注(38) 一五―一七頁。

(41) あいちトリエンナーレ実行委員会事務局『あいちトリエンナーレ二〇一九開催報告書』(二〇二〇年)。

(42) 大地の芸術祭実行委員会『大地の芸術祭　越後妻有アートトリエンナーレ二〇一八総括報告書』(二〇一九年) 六頁によれば、五六〇、九〇〇千円がAGFへの業務委託費である(実行委員会予算は総額六六一、九〇〇千円)。

http://www.city.tokamachi.lg.jp/ikkrwebBrowse/material/files/group/4/soukatsuhoukokusyo 2018_honpen190507.pdf (二〇二〇・一一・八閲覧)

(43) 「お客様に対する案内・誘導・チケット販売等を主業務とし、展覧会の鑑賞を快適により楽しんでいただけるよう、あらゆる包括的なサービス提供を行う」ことを業務内容としている。

https://www.yokohamatriennale.jp/2020/wp/wp-content/uploads/2019/11/03-1_%E6%A5%AD%E5%8B%99%E8%AA%AC%E6%98%8E%E8%B3%87%E6%96%99.pdf (二〇二〇・一一・八閲覧)

(44) 文化芸術専門職の自律の重要性については、(3)において述べる。

(45) この点、大地の芸術祭においては、芸術監督との一体性が高いAFGに再委託をしており、このことは、初回から継続的に成功をおさめていることに鑑みても一定の合理性はあると思われる。しかし、恒常的に同一の相手に再委託することについては、資金配分や芸術家、作品の選択の透明性の確保の観点から、検討の余地があると思われる。

(46) 調査報告書・前掲注(38)一五―一七頁。

(47) 調査報告書・前掲注(38)一一、六四頁。

(48) 調査報告書・前掲注(38)六六―七〇頁。

(49) 調査報告書・前掲注(38)七三―七八頁。

(50) 蟻川・前掲注(11)二一六―七頁。

(51) 但し、筆者の主観的所感ではあるが、第一に、農村・里山の風土の中で行われる大地の芸術祭において、一般論として、論争的、先鋭的な芸術はそぐわないと思われる。第二に、しかしながら、論争的であるとは断定できないまでも、信濃川の水流の大部分を奪いつつけたＪＲや東京電力の水力発電所への抗議の意義を有する作品は初回から存在し、同様な意義のある新作も作られて続けており、そのような懸念が正当であるとも断じ切れない。

（いずみだ　やすいち・行政法）

# 2　文化庁の補助金交付作用とあいちトリエンナーレ

北見宏介
（名城大学）

## はじめに

二〇一九年の八月から一〇月まで開催された、あいちトリエンナーレ2019をめぐる諸事象は、「文化行政と自治体」について、さまざまな議論を引き起こすこととなった(1)。本稿は、あいちトリエンナーレ2019に関する諸局面の中でも、愛知県が行った補助金交付の申請に関わるもの、すなわち、「日本博を契機とする文化資源コンテンツ創生事業（文化資源活用推進事業）」の事業費補助金（以下、「本件補助金」という）について、文化庁長官が、二〇一九（令和元）年九月二六日付けで全額不交付とする決定（以下、「本件不交付決定」という）を行ったことに係る局面を取り上げて、法律学の観点から検討を行う。

本稿では、まず、この補助金をめぐる事実関係と、関連する法制度のしくみを確認し、その上で、本件不交付決定の適法性について検討を行う。さらに、この本件補助金に関する事象の結末からは仮想的なものとなってしまうが、争訟法上の論点にも若干の検討を加えることとする。

## 一　本件補助金をめぐる制度と動き

### 1　本件補助金に関する制度

国による補助金等に関しては、「補助金等に係る予算の執行の適正化に関する法律」（以下、「適正化法」という）があり、本件補助金に関しても、この適正化法の適用がある。また、本件補助金に関して文化庁は、「文化資源活用事業費補助金（日本博を契機とする文化資源コンテンツ創生事業）交付要綱」（平成三一年三月二九日文化庁長官決定・以下、「本件交付要綱」という）[2]と、「文化資源活用事業費補助金（日本博を契機とする文化資源コンテンツ創成事業）国庫補助要項」[3]を策定していた。

さらに文化庁は、本件事業について、「2019年度文化資源活用事業費補助金　日本博を契機とする文化資源コンテンツ創成事業　文化資源活用推進事業　募集案内」（以下、「募集案内」という）[4]を作成していた。ここにおいては、本件補助金の交付に関する手続の流れは、図1のように示されている。①補助事業の公募、②実施計画書の提出、③審査の実施、④補助事業として採択する旨の通知、⑤補助金交付申請書の提出、⑥補助金交付申請書の審査・補助金交付の決定と通知がなされることとされ、事業の実施後に、⑦実績報告書の提出、⑧実績報告書の審査確認と補助金額の確定通知・交付というものである。このうち、適正化法の直接的な適用があるのは、⑤以降の手続についてである。

本件不交付決定は⑥に位置づけられ、形式的に対応するのは⑤補助金交付申請であるが、補助事業に関する実質的な審査は、すでにこれに先んじて②③④においてなされている。この②から④の審査に関しては、「募集案内」において、「提出された書類を基に、外部有識者による審査委員会の審査を行い、採択事業を決定」することとされており、この審査委員会による「審査の視点」として、後にも触れる

図１　本件補助金の交付に関する手続の流れ

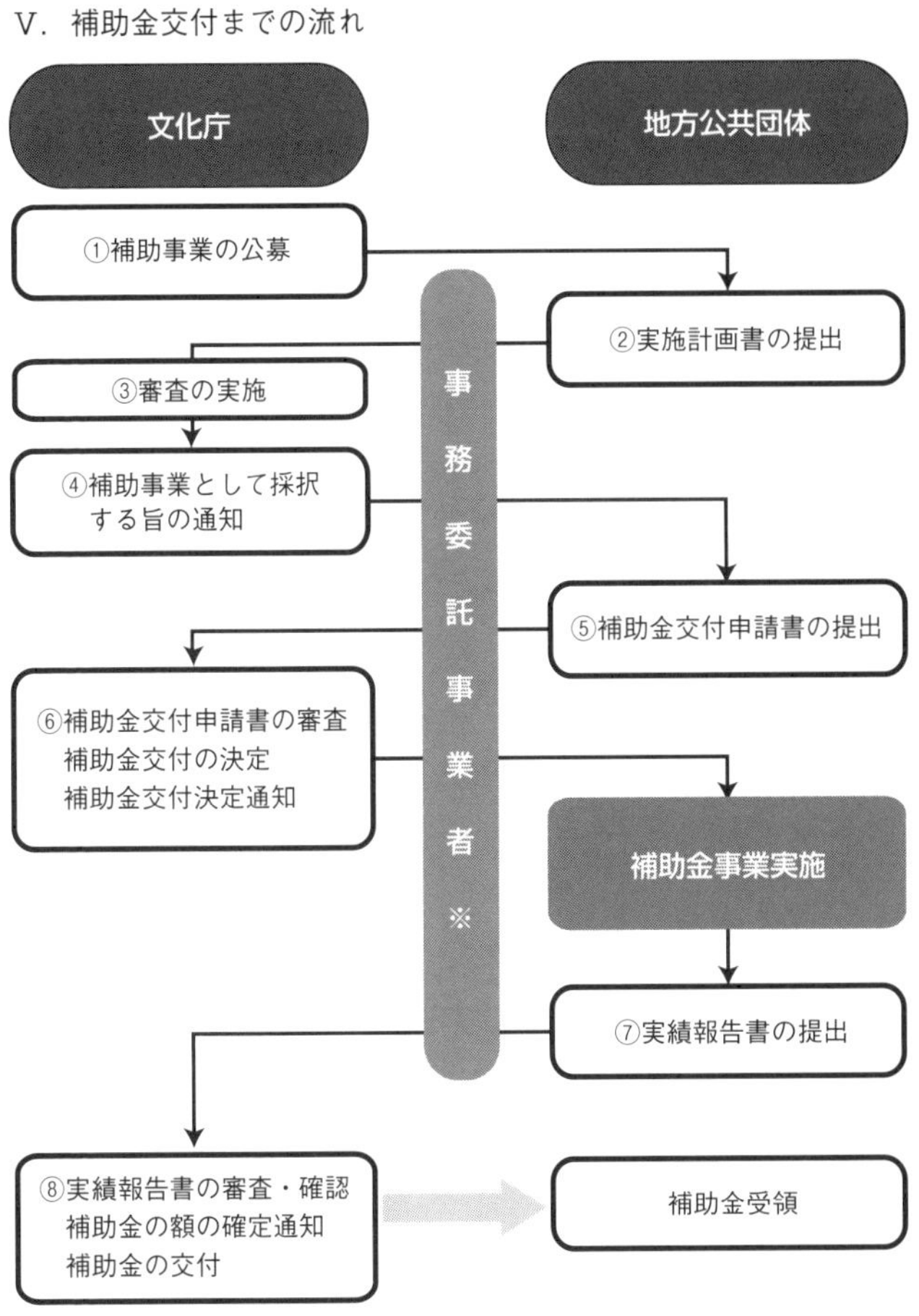


※　本事業は、株式会社ＫＮＴビジネスクリエイトに応募受付等事務の一部を委託しています。

（出所）「2019年度文化資源活用事業費補助金　日本博を契機とする文化資源コンテンツ創成事業　文化資源活用推進事業　募集案内」14頁

諸項目が示されていた(5)。

2　本件補助金をめぐる事実関係

本件補助金については、二〇一九年三月一日から三月一一日までの一一日間が応募期間として設定されており、愛知県は三月八日に文化庁に対して②実施計画書の提出を行った。これを受けて文化庁は、四月二五日付けで、愛知県に対して採択の通知を行った（④）。採択通知を受けた愛知県は、五月三〇日に本件補助金の交付申請を行った。

しかし、広く報道等もされたとおり、「表現の不自由展・その後」については、その内容に猛烈な批判と抗議の動きが生じ、会場のみならず小中学校なども挙げた上での脅迫などもなされた。あいちトリエンナーレは八月一日に開幕したが、「表現の不自由展・その後」については、八月三日に実行委員会が中止を決定した。その後、一〇月八日から再開催されることとなったが、これに先立つ九月二六日（申請からおよそ一二〇日後）に、文化庁長官は、本件補助金について、本件不交付決定を行った。

愛知県は、本件不交付決定について、一〇月二四日に、適正化法二五条に規定される不服の申出を、文化庁長官に対して行った。

その後、二〇二〇年三月一九日に、愛知県知事は文化庁長官宛てに、本件不交付決定に関する意見書を提出するとともに、本件補助金の交付申請に係る金額を七八二九万円から六六六一万九〇〇〇円に変更した申請を行い、これに加えて、不服の申出を取り下げる旨を文化庁長官に届け出た。これに対し、三月二三日に文化庁長官は、補助金額を変更申請の通りとする補助金交付決定を行った。

## 二　本件不交付決定の評価

### 1　本件不交付決定に係る裁量

適正化法六条では、「各省各庁の長は、補助金等の交付の申請があつたときは、当該申請に係る書類等の審査及び必要に応じて行う現地調査等により、当該申請に係る補助金等の交付が法令及び予算で定めるところに違反しないかどうか、補助事業等の目的及び効果が適正であるかどうか、金額の算定に誤りがないかどうか等を調査し、補助金等を交付すべきと認めたときは、すみやかに補助金等の交付の決定……をしなければならない」とする。この「補助金等を交付すべきと認めたとき」という規定ぶりからは、各省各庁の長に一定の裁量ないし判断の余地が与えられているとまずは読むことができよう(6)。もっとも、適正化法は、組織規範・規制規範・授権規範という三分類でいうと規制規範に位置づけられるものであり(7)、その中でもここにみている適正化法六条は、補助金等の交付決定の「権限が行使されるに当っての手続を定めることのみを目的とする法規定」たる手続規範であることには留意が必要である(8)。適正化法六条により各省各庁の長に対して無条件に裁量が付与されるのではなく、その裁量については、授権規範や具体的な補助金交付のしくみとの関係で検討されなければならない。

ここにおいて、本件交付要綱は、判断に際しての裁量基準としての位置づけを与えることができるだろうが(9)、交付／不交付決定は、形式的には申請（⑤）に対してなされるものではあるものの、先に見たとおり、中心的かつ実質的な判断局面は実施計画書の審査（③）にある。ここにおける裁量に目を向けるならば、「募集案内」にも裁量基準としての位置づけを与えることができるものと考えられる。この募集案内「のもとでの審査をすることを処分庁が宣言しているということ(10)」になるからである。

それでは、問題となった本件不交付決定は、どのように評価されることになるだろうか。[11]

適正化法二四条の二では、補助金交付に関する長の処分については、行政手続法第二章・第三章の規定は適用しないこととされている。申請を拒否する処分に係る理由の提示（行政手続法八条）の規定も適用はない。なお、適正化法二一条の二では、交付決定の取消等の、行政手続法でいう不利益処分に相当するものに関しては理由の提示を求めているが、不交付決定を行う場合には、理由の提示を要求してはいない。

しかし、本件不交付決定では、通知書[12]において「不交付決定理由」として理由が附記されていた。左記のようなものであった。

「あいちトリエンナーレ」における国際現代美術展開催事業は、補助金申請の手続きにおいて、来場者を含め展示会場の安全や事業の円滑な運営を脅かすような重大な事実を認識していたにも拘らず、それらの事実の申告がなかったことは、不適当な行為と認められるため。

また、本件不交付決定を行った同日には、文化庁は報道発表として、全額不交付とする理由について、次のように示していた。[13]

補助金申請者である愛知県は、展覧会の開催に当たり、来場者を含め展示会場の安全や事業の円滑な運営を脅かすような重大な事実を認識していたにもかかわらず、それらの事実を申告することなく採択の決定通知を受領した上、補助金交付申請書を提出し、その後の審査段階においても、文化庁から問合せを受けるまでそれらの事実を申告しませんでした。

これにより、審査の視点において重要な点である、①実現可能な内容になっているか、②事業の継続が見込まれるか、の二点において、文化庁として適正な審査を行うことができませんでした。

かかる行為は、補助事業の申請手続において、不適当な行為であったと評価しました。また、「文化資源活用推進事業」では、申請された事業は事業全体として審査するものであり、さらに、当該事業については、申請金額も同事業全体として不可分一体な申請がなされています。

これらを総合的に判断し、補助金適正化法第六条等により補助金は全額不交付とします。

適正化法上は必ずしも要求されているわけではない理由の提示を行い、かつ、報道発表においても理由を示したのは、本件不交付決定が、事業対象の内容、なかんずく「表現の不自由展・その後」の内容への審査に基づくものではないことを示す意図があったものと推察される。

もっとも、これと同時に、本件不交付決定がその内実において、交付決定後の取消としての性格が濃厚であることを示しているとも思われる。本件補助金の審査の実質は、すでに計画書の審査に係る③においてなされており、すでに④採択の通知がなされている。

愛知県は、この採択の通知を受けて、五月三〇日に申請を行ったが、本件不交付決定がなされたのは、本件交付要綱六条三項での標準処理期間とされる三〇日を大きく超える、申請からおよそ一二〇日後であった。いわば、本件不交付決定が後ろにスライドすることにより、実質的に交付決定の取消としてなされることが、本件不交付決定としてなされたということである。本件不交付決定の附記理由においては、申請において愛知県に「不適当な行為」があったことが示されているが、この文言は、本件交付要綱一一条における、交付決定の取消事由を示すものと同一である（一項三号）[14]。

また、先に触れた適正化法六条の手続的な規制規範としての性格を前提に考えると、③の計画書の審査の局面においては相当の裁量が認められるとしても、⑥の補助金交付決定の局面においては、文化庁長官の裁量はごく限定されたものと考えられる[15]。

2　本件不交付決定の違法性

本件不交付決定での報道発表での理由では、審査の視点において重要な二点について、「文化庁として適正な審査を行うことができませんでした」ということが挙げられている。この大枠それ自体は、一種の、行政における「最良の判断条件充足[16]」がなされていなかったことを理由とするものということもできそうである。仮に裁判所がこの枠組みで裁量審査を行ったならば画期的と評価されることになるであろうものであり、国側が、こうした裁量観を示したこと自体は、注目すべきことではあろう。

しかし、この「適正な審査を行うことができ」なかったことを、愛知県の対応のありようによるものとして原因を求め、そのことから、本件不交付決定のような全額不交付という内容の決定を導出することができるかというと、これは全くの別問題である。以下、本件不交付決定に関するいくつかの点について、批判的に検討する。

(1)全額不交付としたことの適否

本件不交付決定での報道発表での理由では、文化庁長官は、「申請された事業は事業全体として審査するものであり、さらに、当該事業については、申請金額も同事業全体として不可分一体な申請がなされています」とする。確かに制度的には、個別展覧会ごとの申請がなされるわけではなく、一体的な申請がなされることとなっている。しかし、事業全体として審査する場合であっても、その事業内容が不可分なものであるかどうか、さらに、申請への交付／不交付決定も不可分なものとされねばならないかは、別に考えなければならない。

適正化法六条三項では、「適正な交付を行うため必要があるときは、補助金等の申請に係る事項につき修正を加えて補助金等の交付の決定をすることができる」とし、同七条では、「補助金等の交付の目的を達成するため必要な条件を附すること」、すなわち行政法学でいう、行政行為の附款を附することを認めている。もちろん、各条項で規定されているとおり、「不当に補助事業者等に対し干渉をするようなものであってはならない」（七条四項）し、これはとりわけ、「表現の不自由展・その後」について、表現の自由との関係で強く留意しなければならないことではある（したがって、修正や条件が附された場合にも、それが違法となる可能性は相当に存在するものと考えられる）。とはいえ、全額不交付にすることとの比較でいうと、条件を附する方が、その干渉の程度としては小さいはずである。修正を加えることにより「当該補助事業等の遂行を不当に困難とさせないようにしなければならない」（六条四項）ことの要求は、全額不交付とすることに対してより強く妥当する。

給付作用とはいえ、一種の比例原則的な原理の下に補助金交付の諸作用が置かれているものとみることもでき、この点から、本件不交付決定が全額不交付を内容としたものであることは、違法であると考える。

⑵愛知県に申告を要求することの適否

本件不交付決定での報道発表における理由では、「展覧会の開催に当たり、来場者を含め展示会場の安全や事業の円滑な運営を脅かすような重大な事実を認識していたにもかかわらず、それらの事実を申告することなく採択の決定通知を受領した」ことと、「その後の審査段階においても、文化庁から問合せを受けるまでそれらの事実を申告し」なかったことから、審査の視点において重要な2点について、「文化庁として適正な審査を行うことができ」なかったとする。では、この点を愛知県に対して要求することは適切だっただろうか。

行政にとっての情報の収集において申請は大きな位置を占める。申請制度の下では、申請者は、許認可等の判断に必要な情報を申請書に記載したり、書類を添付することによって、必要な情報を自ら行政庁に提出しなければならない(17)。

とはいえ、申請者に対して義務付けられるのは、あくまでも申請時において提出が求められている事項に限定され、この提示を行っていれば申請者としての義務は果たされていると考えるべきであろう。こうした事情について記載や申告をしなければならないことを申請者側が認知しうるような記載は、本件交付要綱の本則はもちろん、本件交付要綱での様式においても、「募集案内」においても、見受けられないように思われる(18)。むしろ、適正化法六条一項では、「当該申請に係る書類等の審査」に加えて、「必要に応じて行う現地調査等により」調査を行った上で、交付／不交付決定を行うことが要求されている。この「『調査』権限をわざわざ明記」している点を重視すれば、「愛知県による事実関係の申告が不十分であった（ないし適切な時機に必要な申告がなされなかった）ために文化庁が補助金交付のための法令上の要件についての適切な審査を行えなかったと法的に評価することは誤りであり、文化庁があえて適時に十分な事実調査をしないことですべての重要な事実を把握せず（あえて一部の事実しか認識せず）、もって重要な事実を基礎とする要件審査を行わなかったとみるのが正しい法的評価というべき」という指摘(19)も首肯されるところとなろう(20)。

こうした調査不備の下に、本件のように標準処理期間を大きく超えたタイミングでなされた本件不交付決定は、すでに採択の通知がなされている相手方たる愛知県の信頼を大きく侵害するものになる。

一般的に、職権取消の制限論においては、相手方の帰責性が考慮されることになり、詐欺・脅迫など相手方の信頼を保護する理由が存在しないと解されるような場合には、取消も可能とされる(21)。本件交付要綱一一条でもそうした旨の記載があるが、そこで規定されているのは、「補助事業に関して不正、怠慢、虚偽、その他不適当な行為をした場合」である。本件不交付決定の附記理由では、愛知県に「不適当な行為」があったとしているが、すでに指摘したような本件不交付決定の、実質的な判断が完了した後の段階でなされる、交付決定後の職権取消と同質的・類似的なものであることを意識した際には、本件での愛知県の不申告を「不正、怠慢、虚偽」と並ぶ「不適当な行為」として捉えられるようなものといえるかには疑問がある。

(3)「審査の視点」と他事考慮の可能性

報道発表での理由でいう、適正な審査を行うことができなかったという「審査の視点において重要な点」とされたのは、①実現可能な内容になっているか、②事業の継続が見込まれるか、の二点である。確かに、この文言だけを見ると、さまざまな脅迫を含む抗議運動による、展覧会のストップなどが、審査の視点として考慮されるようにも読めるかもしれない。

もっとも、募集案内において外部有識者による審査委員会の審査の際の評価に係る「審査の視点」では、これら二点はそれぞれ、「実現可能な内容・事業規模となっているか」、「計画期間終了後も地方公共団体独自で取り組めるなどの事業の継続が見込まれるか」として掲げられていた事項である(22)。必ずしも、あいちトリエンナーレ２０１９の実施期間内における事業の継続可能性が審査の際の視点とされているわけではないし、また、「実現可能な内容」についても、事業規模と並列された検討事項となっていた。問題となった抗議運動等との関係での実現可能性の審査が念頭に置かれていたとは考えがたいところでもある。

「表現の不自由展・その後」の展示内容とそれに対する抗議の声に関わっての、「不法な動機」が文化庁長官に存在しないという前提に仮に立ったとしても[23]、本件不交付決定の理由とされる、「適正な審査を行う」際の募集案内に示された審査の視点と、愛知県によって申告されなかった事実との関係性は、不明確といわざるを得ないように思われる。

## 三　本件の結末の評価

愛知県は不服の申出を行ったが、事件全体の結末は、この争訟制度の下にもたらされたものではなく、争訟手続外で決着が付けられた結果であった。愛知県知事から、申請「よりも前の段階から、来場者を含め展示会場の安全や事業の円滑な運営を脅かすような自体への懸念が想定されたにもかかわらず、愛知県として、これを貴庁に申告しなかったことは遺憾であり、今後は、これまで以上に、連絡を密にする」との記載がなされた意見書が提出され、減額申請がなされたということに加えて、これと同日に愛知県知事は、審査の申出の取り下げもなされている。いわば、争訟手続を用いないが故にもたらされた結末ともいえる。これは、まさに「『手打ち』というもの[24]」であろう。

こうした、争訟手続外での国と自治体との間の紛争解決（というより終結）については、本件が金銭的な争いであるという面を切り出したとしても、一般私人間による紛争の解消方法を用いたことが適切であったのか、という問題を意識させる。「実質的には法律による行政の原理（法治主義）に反するという問題を発生させるだけでなく。今後の文化芸術に関する表現の自由（憲法二一条一項）行使の萎縮をも生じさせるものである」という指摘[25]があることは強調しておくべきであろう。表現の自由が問題となる局面以外においても、萎縮的な効果が懸念される場面もあり得よう。

なお、この「手打ち」の内容は、二－2－(1)「全額不交付としたことの適否」で触れた、文化庁長官が全額の不交付を決定した理由として報道発表において示す、「事業全体として審査するものであ」ることや、「事業全体として不可分一体な申請がなされ」るということの根拠が薄弱であったことを示すものでもあろう。

## 四　争訟に関する論点

以上のように、争訟制度外で結末がもたらされたことから、本件不交付決定に関する行政争訟法上の論点に関する判断はなされることがなかったが、この点に関しても若干の検討を行っておくこととしよう。

適正化法六条による交付決定については、なお議論はあるものの、同法二四条の二において行政手続法の処分に関する適用除外が規定されているほか、同法二五条において交付決定が処分と並列的に規定されていること等から、行政処分であるとされる[26]。そこで、この交付決定について不服申立てを行おうとする場合には、国民は行政不服審査法上の審査請求を行うことになる。

他方、この適正化法二五条では、本件不交付決定のような自治体を相手方とした交付決定については、「不服を申し出ることができる」として、不服の申出という制度を用意している。本件不交付決定を受けて、愛知県は、一たんは地方自治法上の国地方係争処理委員会への審査の申出を行うことを検討したとの報道もされたようであるが[27]、地方自治法二四五条かっこ書きでは「国又は都道府県の普通地方公共団体に対する支出金の交付及び返還に係るものを除く」とされて、関与から除外されている。そうすると、この審査の申出は用いることができなかったものと考えられる。最終的に愛知県は、適正化法の不服の申出を行っている。

では、この本件不交付決定を訴訟によって争う場合、ここに司法判断適合性は存在するであろうか。本件不交付処分については（また、変更申請に対する交付決定についても）、文化庁長官は、行政事件訴訟法四六条の教示を行っていない。実務解説書において、「平成一六年の改正により、行政事件訴訟法においても教示制度が設けられたことに留意する必要がある[28]」とされているにもかかわらずである。教示の不備は、文化庁長官が本件不交付決定を訴訟において争うことができないものと考えたことによるものであった、という可能性もある。

まず、自治体が原告として出訴するものであることから、いわゆる宝塚市パチンコ店建設中止命令事件上告審判決（最三小判平成一四年七月九日民集五六巻六号一一三四頁）により、今回の愛知県の出訴が制約されることになる可能性が考えられるだろうか。しかし、この事件は、「専ら行政権の主体として国民に対して行政上の義務の履行を求める訴訟」は法律上の争訟に当たらない旨が判示されたものであり、しかも、「国又は地方公共団体が提起した訴訟であって、財産権の主体として自己の財産上の権利利益の保護救済を求めるような場合には、法律上の争訟に当たる」ともされている。本件不交付決定を争う訴えは、同判決によって法律上の争訟性を否定されることはなく、訴えの提起の妨げにもならないものと考えられる。

また、一般私人の不服申立て手段である審査請求とは異なる、自治体に特有の不服の申出制度が用意をされていることから、自治体と国の法関係が、一般私人と国の法関係と異なるものとして想定されており、このことに基づいて司法判断がなされない可能性があるかもしれない。例えば、藤田宙靖元最高裁裁判官は、行政主体について私人の場合に用意されている法制度の適用を排除している場面のいくつかについて、これらを「内部関係」と考えられるケースとしている[29]。このことからは、行政主体相互の関係である本件不交付決定をめぐる法関係も、審査請求とは異なる法制度が用意された「内部関係」としてのものと見る余地があるかもしれない。

しかし、この不服の申出の制度は、補助金交付決定を争うことが可能とはされていなかった旧訴願法の時代、つまり行政不服審査法が制定される以前の時点から、自治体の争訟可能性を用意するために存在しているものであり、行政不服審査法制定後には、経緯の上からは、私人とは異なる法関係に基づくものとして用意されているものとみることはできないものである[30]。したがって、これを理由として、自治体と国の関係を内部関係として捉え、司法判断の可能性が否定されることにはならないであろう。藤田元裁判官も、「補助金の受給はもとより、経費の負担の配分と行った問題もまた、それ自体は、近代社会において、本来行政主体間においてしか生じ得ない問題であるというわけではなく、私人相互間においても全く普通に起こりうる問題である」として、「『内部関係』か『外部関係』かの問題とは、直接の関係は無いものであるように考える」としている[31]。

## おわりに

以上、あいちトリエンナーレ２０１９の補助金に関わる側面について、可能な限り、文化庁が述べる建前を前提としつつ、雑駁な検討を行った。この建前に疑義が向けられるような、諸事象や関係者の発言に係る報道も少なからずみられた。この点で、本稿での検討の雑駁さに加えて、スタンスそれ自体に、もともと不十分さが内包されているとの指摘がありうることも自覚しているところである。

また、本件不交付決定をめぐっては、争訟制度外での決着がはかられたことから、裁決文・判決文を素材とした検証を行うことはできなかった。これは、本稿が取り上げる対象の検討に際しての材料を不足させることであるが、他方で同時に、争訟制度によらずに決着がはかられたという事象そのものが、あいちトリエンナーレ2019にとどまらない補助金行政のありかた全体についての、さらには、国と自治体との関係一般に関しての考察を行う際の重要な検討素材になるものと思われる。こうした素材への学術的な切り込みの方法、あり方も含めて、本稿筆者の今後の課題である。



注

(1) あいちトリエンナーレ2019をめぐっての文献は数多いが、本稿に掲記した諸論稿と、それらを含む連載・特集の諸論稿のほか、岡本有佳・アライ＝ヒロユキ編『あいちトリエンナーレ「展示中止」事件』(岩波書店、二〇一九年)、吉田隆之『「不自由」から『連帯』・『寛容』へ」『芸術祭と地域づくり』(水曜社、二〇一九年)二六三頁以下、吉田隆之『芸術祭の危機管理』(水曜社、二〇二〇年)、「緊急特集・『表現の自由』とは何か?」美術手帖一〇八一号(二〇二〇年)八頁以下の諸論稿、「特集 Y/Our Statement〔私(たち)の声〕」REAR四四号(二〇二〇年)一頁以下の諸論稿、あいちトリエンナーレ実行委員会編『あいちトリエンナーレ2019 情の時代 Taming Y/Our Passion』(二〇二〇年)二〇九頁以下の諸論稿等を参照。

(2) https://www.bunka.go.jp/shinsei_boshu/kobo/pdf/r1418584_05.pdf (二〇二一年五月二八日閲覧)。

(3) https://www.bunka.go.jp/shinsei_boshu/kobo/pdf/92777601_04.pdf (二〇二一年五月二八日閲覧)。

(4) https://www.bunka.go.jp/shinsei_boshu/kobo/pdf/92009601_01.pdf (二〇二一年五月二八日閲覧)。

（5）このしくみは、日本学術振興会や文部科学省が公募・審査・交付業務を行う科学研究費補助金と学術研究助成基金助成金のものと重なる。この、いわゆる科研費に関する手続と本件補助金の手続を照らし合わせると、本件補助金における④の通知は科研費の「採択内定通知」と、⑤の申請書の提出は採択内定通知を受けた後に行う「交付申請」と対応する。本件補助金に関する「審査の視点」の諸項目に関しては、後掲注（22）も参照。

（6）門馬圭一（編）『Q&A補助金等適正化法』（大蔵財務協会、二〇一七年）九二頁では、「補助金等の交付の決定は、その性格上、相当範囲の自由裁量が認められている」とする。

（7）参照、塩野宏『行政法I〔第六版〕』（有斐閣、二〇一五年）八一―八二頁。

（8）藤田宙靖『行政法総論 上〔新版〕』（青林書院、二〇二〇年）七〇頁・注2。

（9）堀澤明生「補助金行政法の宿痾」法学セミナー七八六号（二〇二〇年）四九―五〇頁。

（10）堀澤・前掲注（9）五一頁。

（11）本件不交付決定に対しては、二〇一九年一〇月九日に、東京大学教員有志が抗議声明を発している。参照、飯島滋明「あいちトリエンナーレ『表現の不自由展・その後』中止問題とは何だったか」法と民主主義五四三号（二〇一九年）一三―一四頁。

（12）本件不交付決定の通知書（元受文庁第二〇二三号）は、榊原秀訓会員からの提供を受けた。学会当日に、拙報告へのコメントをいただいたこととともに、記して御礼を申し上げる。

（13）https://www.bunka.go.jp/koho_hodo_oshirase/hodohappyo/1421672.html（二〇二一年五月二八日閲覧）。

（14）本件交付要綱一一条では、文化庁長官が「交付決定の全部若しくは一部を取消し、又は変更することができる」場合として、「補助事業の中止又は廃止の申請があった場合」と四箇号を掲げている。このうち第三号では、「補助事業者が、補助事業に関して不正、怠慢、虚偽、その他不適当な行為をした場合」とされていた。

（15）科研費の採択内定通知を受けた研究者が、その後の交付申請に対して不交付決定がなされることは基本的には想定しないであろう。

(16) 参照、亘理格『公益と行政裁量』(弘文堂、二〇〇二年)三三二頁以下。

(17) 宇賀克也『行政法概説Ⅰ　行政法総論〔第7版〕』(有斐閣、二〇二〇年)一五八頁。

(18) 本件補助金のようなしくみに関する申請の場面を直接に扱うものではないが、須田守「私人の情報提供と行政判断(下)」法時九三巻七号(二〇二一年)一〇八頁では、以下のように指摘されている。申請者等から「提供されるべき情報の内容は、問題となる許可制や届出制ごとに異なる。したがって、当該許可制等の根拠法令に、申請の際の情報提供義務の根拠があることを、明確にすべきである。また、これによって根拠付けられるのは、当該制度上の審査に必要な範囲の情報提供義務に限られる。それを超えるものについては、新たに法律の根拠が必要になるとともに、申請の段階で提供を義務付けるべきことが正当化されなければならない」。

(19) 平祐介「あいちトリエンナーレ２０１９補助金不交付は、なぜ違法なのか(１)」美術の窓三九巻一号(二〇二〇年)二四〇—四一頁。

(20) 申請仮定における調査検討の責任に関する検討として、参照、須田・前掲注(18)、薄井一成「申請手続過程と法」磯部力ほか(編)『行政法の新構想Ⅱ』(有斐閣、二〇〇八年)二七三頁以下。

(21) 参照、宇賀・前掲注(17)三九四頁以下、乙部哲郎「行政行為の取消論の展開」『行政行為の取消と撤回』(晃洋書房、二〇〇七年)三六六頁以下〔初出・二〇〇四年〕。

(22) 募集案内における「審査の視点」では、「(1) 実施計画について」として、ここでみている二事項のほか、「地域の文化芸術資源(観光資源も含む。)を活用した計画になっているか」など、全一一事項が示され、「(2) 実施計画に記載されている具体的な取組について」として「事業実施による効果、成果をもたらす計画となっているか」が示されていた。全項目の中で唯一、観光インバウンドの拡充に関連する項目に下線が施されて強調が加えられている。参照、「募集案内」一一頁。

(23) 檜垣宏太『２０１９年日本における芸術表現に対する公的助成の社会的・法的位相その２　あいちトリエン

ナーレに対する文化庁の補助金不交付決定を題材に』（デザインエッグ、二〇一九年）二九頁以下は、「本件不交付決定は表現内容に基づく差別であり、不法な動機に基づくものであるから裁量権の逸脱・濫用があり違法である」と結論づける（三二頁）。

(24) 堀澤・前掲注（9）四八頁。

(25) 平裕介「あいちトリエンナーレ２０１９補助金問題の結末の法的検証」美術の窓三九巻七号（二〇二〇年）一三一頁。

(26) 参照、小滝敏之『全訂新版 補助金適正化法解説〔増補第2版〕』（全国会計職員協会、二〇一六年）九〇頁等。

(27) 参照、平裕介「あいちトリエンナーレ２０１９と争訟手段」法学セミナー七八六号（二〇二〇年）四一頁・注3。

(28) 前田努（編）『補助金等適正化法講義』（（大蔵財務協会、二〇二〇年）一三一頁。この指摘と全く同じ記述は、本件不交付決定の時点において出版されていた、青木孝徳（編）『補助金等適正化法講義』（大蔵財務協会、二〇一五年）一二七頁でもなされている。

(29) 参照、藤田宙靖「行政主体間の法関係について」『行政法の基礎理論 下巻』（有斐閣、二〇〇五年）六二頁以下〔初出一九九八年〕。

(30) 参照。小滝・前掲注（26）三三九頁以下。

(31) 藤田・前掲注（29）七五頁。

（きたみ　こうすけ・行政法）

# Ⅲ　地方自治の諸相

# 1　長野県内市町村の地域再生に向けて[1]
## ――北海道東川町の取り組み事例を中心にして――

中村稔彦
（長野県立大学）

## はじめに

経済学において、地域経済発展の代表的な指標としては、人口や地方税収[2]の増減率があるが、これらについて、リーマン・ショックの影響を受ける前の二〇〇七年度と二〇一六年度を比較[3]すると、長野県内都市平均は、人口が一・五％、地方税収が六・五％とともに減少している。全国都市平均は、人口が〇・六％増加、地方税収が二・一％減少となっており、これらと比較すると、長野県内都市平均はかなり低いことがわかる。また、長野県内町村平均も、人口こそ減少率が五・三％と全国町村平均の減少率五・八％をやや下回るが、地方税収に関しては、減少率六・四％と全国町村平均の減少率三・九％と比較すると大きく上回る。

次に、長野県内市町村を個別にみていくと、この一〇年間で人口が一〇％以上減少した市町村は二八市町村、地方税収が一〇％以上減少した市町村は二七市町村と、ともに全体の三分の一以上を占める。全体で捉えるよりも、個別で見る方がはるかに事態は深刻であることが実感できる。長野県内の多くの市町村は、経済的、財政的には明らかに衰退しているといわざるを得ない。

地域経済の実態について、金子勝は「現行の枠組みを前提にすると、自治体の役割は極めて限定的であるということです。（中略）経済学はもう、マクロ政策をこれだけ続けてもダメ、ミクロの構造改革を行っても産業は衰退し、格差ばかりが拡大していて、既存の経済学が持っている処方箋はだいたい種が尽きたように思えるということです。産業政策とか産業戦略とかいう次元まで降りて仕組みを大きく変えていかないといけないというのが、主な主張で(4)」あると述べている。

総体的に見れば、この見解は妥当であると思われるが、産業政策や産業戦略の仕組みを変えるには、少なくとも一〇年や二〇年という期間が必要であるし、それぞれの市町村に関していえば、現在、有効な政策や取り組みを実施して、人口増、税収増といった発展を続ける市町村が全国にはいくつかあることを踏まえると、まだやるべきことがあるのでないという思いに駆られる。

この度は、模倣したり、新たな取り組みの手掛かりとなったりするような施策を実施している市町村をまず探すところから始めた。その指標としたのが先述した人口と地方税収である。事例となり得ない東京都内市区町村や政令指定都市などの特殊な事情下の自治体を除くと、二〇〇七年度からの一〇年間に、人口と地方税収がともに五％以上増加した市町村は全国に五二市町あった。当該五二市町に対し、電話によるヒアリングを実施したところ、それらの多くは、首都圏や大都市あるいは中核市の周辺市町で、この一〇年間に土地区画整理事業と宅地造成を実施し、かつ適度な子育て支援政策を講じることで、人口増、地方税収増となっていることがわかった。これらの市町は事例とはなり得ない。ただし、残りの一三市町については、それ以外にも有効な政策や取り組みを実施していることがわかったため、二〇一八年度から二〇一九年度にかけて、当該市町の実地調査を行った。その中で、とりわけ多くの有効な政策や取り組みを実施していたのが、北海道東川町であった。

東川町は、北海道の中央、旭川市に隣接する人口が約八、四〇〇人の小さな町で、鉄道、国道、上水道の三つの道がないという特徴をもつ。三つの道がないと聞くと、田舎町を想像してしまうが、実際は、二〇〇七年度からの一〇年間に人口が六・〇%、税収が八・〇%増加している未だ発展を続けている町である。しかも、その発展は、町の取り組みに寄るところが大きい。日本初、北海道初、業界初という政策や取り組みがとにかく多い。近年は、産業の柱である観光サービス業に加え、町内での様々なイベントの開催、視察等の影響もあって、交流人口は一〇〇万人を遥かに超えている。

しかし、この町も以前は過疎地指定され、一九九三年度末には、人口がピーク時の三五・五%減、七、〇〇〇人を割り込む六、九三七人まで減少していたのである。その町が、二〇一八年度には八、三八二人まで増加している。これから見ていくのは、この東川町の再生やその後の更なる発展に寄与した取り組みである。

東川町の取り組みに関する先行研究といえるものについては、宇佐美喜明（二〇一五）や玉村雅敏他（二〇一六）、増田善之（二〇一六）、保田隆明（二〇一四）などがあるが、宇佐美（二〇一五）や玉村他（二〇一六）、増田（二〇一六）の研究は、いずれも町を周知させることや町の人物をクローズアップすることに主眼が置かれているため、政策や取り組み、個人の意識変化の紹介等に留まっている。保田（二〇一四）は、優れた納入型と購入型のハイブリットなクラウドファンディングとして、東川町のふるさと納税を利用した「ひがしかわ株主制度」について、概要だけでなく、株主の年齢分布や居住地などの資金提供者の属性分析、一回当たりの投資金額の分布、回数別の居住地、投資金額の分布などの投資金額の分析まで行っている。他の自治体のふるさと納税と異なる点として、ふるさと納税をした方を「株主」と呼ぶこと、町の特性を生かした「六つの『投資』事業を用意しており、株主はその中から自分の投資したい事業を選択[5]」することができること、株主は町を訪問して、町の人と一緒に事業を行うことができることなどを挙げている。最後は、「首都圏から多くの資金調達に成功している点は、今後他の自治体及地方に存在するベンチャー企業によるクラウドファンディングを活用した資金調達の参考になるはずである[6]」とし、分析結果から成功要因として示唆されたのは、「モノではなく思想や理念に共感する人の方がより多い金額を拠出する可能性、多面的に自社、自治体に関して消費者とのコンタクトポイントを作ることの必要性、調達資金の使途の見える化、資金調達のストーリー性の重要性である。[7]」と結論づけている。

先行研究を踏まえ、本稿では、東川町の取り組み事例を単に取り上げるだけでなく、当該取り組みがいかに地域住民の意識や地域経済、財政にインパクトを与えたのか、また、町の再生や発展、自治の確立等に寄与したのかを明らかにすることに重点を置きたい。そのため、本稿では、多々ある取り組みのうち、それらに関連する六つの取り組みのみを取り挙げる。また、当該取り組みを町の再生と緩やかな人口増に寄与した二〇〇〇年度までとその後の「東川らしさ」を追求して更なる発展を遂げた二〇〇一年度以降に分けて論じることとする。そして、それらの取り組みやその他の取り組みによる財政効果といえる地方交付税への影響等を考察した上で、最後は、当該東川町の取り組みを長野県内市町村の発展にどのように結び付けていくのか、取り組みを実施するにあたり、他に必要な要素はないのかについて言及したいと考える。

## 一　町の再生と緩やかな人口増に寄与した背景と二つの取り組み

東川町の人口は一九九二年度末を底にして復活し、二〇〇〇年度までは緩やかな増加で推移していく。この間の増加の要因は、（表1）より自然増ではなく社会増、すなわち転入超過であることがわかる。ここでは、人口増へと転換に至ったその背景と二つの取り組みを見ていくことにする。

### 1　再生への背景

農村である東川町は産業基盤が弱く、また高等教育機関も少なかったため、新卒者の多くが進学先や就職先を求めて、札幌や東京などの大都市に向かう流れが起き、高度経済成長期になると更に集団就職のために、多くの新卒者が一斉に町を離れるようになった。それが、一九八〇年代後半になると、急速な円高により製造業を中心に製造拠点の海外移転などで、雇用吸収力や所得などの待遇面が徐々に低下したため、大都市への人口流出が少なくなっていった。

バブル景気の最盛期の一九八八年度に町は、私立専門学校の誘致に成功する。それに伴い町内に学生寮ができたことにより、転入者が増加し、これも人口減少の抑制に繋がった。専門学校の誘致は、その後の町の発展に大きく寄与することになるのであるが、若者人口が増加したことにより、人口に占める高齢者の比率が下がったため、国が定める過疎地域の要件から外れることとなり、一九九四年度を最後に、過疎対策事業債の発行ができなくなってしまった。一九九五年度以降は緊縮財政を強いられることとなり、二〇〇八年度の積極財政に転換するまで、東川町財政は冬の時代を過ごすことになる。

表１　東川町の人口動態

（単位：人）

| 年度 | 人口 | 人口増減 | 自然動態 | | | 社会動態 | | | 外国人登録者数 |
|---|---|---|---|---|---|---|---|---|---|
| | | | 出生数 | 死亡数 | 増減 | 転入者数 | 転出者数 | 増減 | |
| 1981年 | 7769 | ▲ 2 | 75 | 61 | 14 | 399 | 415 | ▲ 16 | |
| 1982年 | 7752 | ▲ 17 | 64 | 62 | 2 | 407 | 426 | ▲ 19 | |
| 1983年 | 7748 | ▲ 4 | 76 | 48 | 28 | 414 | 446 | ▲ 32 | |
| 1984年 | 7723 | ▲ 25 | 61 | 66 | ▲ 5 | 348 | 368 | ▲ 20 | |
| 1985年 | 7687 | ▲ 36 | 64 | 58 | 6 | 369 | 411 | ▲ 42 | |
| 1986年 | 7524 | ▲ 163 | 62 | 54 | 8 | 252 | 423 | ▲ 171 | |
| 1987年 | 7532 | 8 | 57 | 48 | 9 | 344 | 345 | ▲ 1 | |
| 1988年 | 7506 | ▲ 26 | 59 | 62 | ▲ 3 | 357 | 380 | ▲ 23 | |
| 1989年 | 7414 | ▲ 92 | 49 | 54 | ▲ 5 | 304 | 391 | ▲ 87 | |
| 1990年 | 7302 | ▲ 112 | 57 | 53 | 4 | 235 | 351 | ▲ 116 | |
| 1991年 | 7248 | ▲ 54 | 49 | 70 | ▲ 21 | 318 | 351 | ▲ 33 | |
| 1992年 | 7131 | ▲ 117 | 50 | 65 | ▲ 15 | 262 | 364 | ▲ 102 | |
| 1993年 | 7063 | ▲ 68 | 47 | 66 | ▲ 19 | 343 | 392 | ▲ 49 | |
| 1994年 | 7066 | 3 | 49 | 68 | ▲ 19 | 439 | 417 | 22 | |
| 1995年 | 7111 | 45 | 38 | 64 | ▲ 26 | 472 | 401 | 71 | |
| 1996年 | 7187 | 76 | 58 | 77 | ▲ 19 | 463 | 368 | 95 | |
| 1997年 | 7326 | 139 | 59 | 79 | ▲ 20 | 573 | 414 | 159 | |
| 1998年 | 7408 | 82 | 43 | 61 | ▲ 18 | 514 | 414 | 100 | |
| 1999年 | 7482 | 74 | 58 | 79 | ▲ 21 | 512 | 417 | 95 | |
| 2000年 | 7588 | 106 | 46 | 70 | ▲ 24 | 476 | 346 | 130 | |
| 2001年 | 7535 | ▲ 53 | 63 | 75 | ▲ 12 | 407 | 448 | ▲ 41 | |
| 2002年 | 7567 | 32 | 51 | 51 | 0 | 431 | 399 | 32 | |
| 2003年 | 7551 | ▲ 16 | 56 | 78 | ▲ 22 | 407 | 401 | 6 | |
| 2004年 | 7621 | 70 | 52 | 76 | ▲ 24 | 436 | 342 | 94 | |
| 2005年 | 7694 | 73 | 53 | 91 | ▲ 38 | 515 | 404 | 111 | |
| 2006年 | 7725 | 31 | 43 | 87 | ▲ 44 | 461 | 386 | 75 | |
| 2007年 | 7737 | 12 | 43 | 86 | ▲ 43 | 453 | 398 | 55 | |
| 2008年 | 7818 | 81 | 51 | 76 | ▲ 25 | 415 | 309 | 106 | |
| 2009年 | 7815 | ▲ 3 | 44 | 82 | ▲ 38 | 379 | 344 | 35 | |
| 2010年 | 7863 | 48 | 68 | 81 | ▲ 13 | 428 | 367 | 61 | |
| 2011年 | 7912 | 49 | 47 | 87 | ▲ 40 | 433 | 344 | 89 | |
| 2012年 | 7951 | 39 | 44 | 115 | ▲ 71 | 474 | 364 | 110 | 50 |
| 2013年 | 7948 | ▲ 3 | 51 | 104 | ▲ 53 | 460 | 410 | 50 | 51 |
| 2014年 | 7994 | 46 | 46 | 103 | ▲ 57 | 478 | 375 | 103 | 118 |
| 2015年 | 8105 | 111 | 47 | 85 | ▲ 38 | 519 | 370 | 149 | 188 |
| 2016年 | 8188 | 83 | 55 | 95 | ▲ 40 | 594 | 471 | 123 | 254 |
| 2017年 | 8328 | 140 | 58 | 106 | ▲ 48 | 679 | 491 | 188 | 326 |
| 2018年 | 8382 | 54 | 47 | 107 | ▲ 60 | 644 | 530 | 114 | 380 |
| 2019年 | 8380 | ▲ 2 | 52 | 119 | ▲ 67 | 642 | 577 | 65 | 391 |

（注）１）人口は各年12月末日現在の住民基本台帳の数値を記載している。
２）自然動態、社会動態の数値は当該年の１月～12月の合計値である。
３）社会動態の転入者数、転出者数には、転出取消及び回復等一度登録した内容を修正した数を含む。
（出所）『人口目標　日本人登録8,000人の維持』（東川町企画総務課提供資料）に『毎月人口動態表』（東川町税務定住課提供資料）の数値を筆者が加筆修正。

## 2　写真という文化で町おこし

「東川町は、写真文化を通じて国際的な交流を目指し、世界に開かれた自然と文化の調和する活力に満ちたまちづくりを目的として、一九八五年六月一日、写真の日に世界に類のない『写真の町』を宣言した。(8)」写真という文化で町おこしというのは、「ある企画会社から『東川町には写真の被写体となる美しい景観がたくさんあるから、写真文化を地域振興の核にしてみてはどうか』という提案があ(9)」ったことがきっかけで始まった。「企画会社からは、『町全体が強い発信力をもち、価値あるものに変革しなければ目的は達成されない』という主張があったため、『写真の町条例』をつくり、継続性のあるものとした(10)」のである。

実施される企画はいくつかあるが、まず「写真の町」を宣言した時から、その証として設定された「写真の町東川賞」から見ていこう。「写真の文化への貢献と育成、東川町民の文化意識の醸成と高揚を目的とし、これからの時代をつくる優れた写真作品に対し、(11)」毎年贈呈されるもので、受賞者には最高一〇〇万円の賞金が贈られる。受賞作品は、ホームページで紹介される他、一九八九年に完成した「写真の町東川町文化ギャラリー」で保管され、機会あるごとに町の訪問者に公開されている。当該ギャラリーは、様々なイベントの中心として利用されたり、多くの写真の企画展や写真家の個展を開催したりする等しているため、来館者数は二〇一七年度が一万八、四〇二人、二〇一八年度が一万七、七六六人、コロナウィルスの影響があった二〇一九年度でも一万四、一〇八人と安定している。料金は一般展示が一〇〇円、企画展示が各展示によって上限一、五〇〇円内での設定となっている。

次に同じく宣言の一九八五年から現在に至るまで、毎年七月下旬から八月上旬にかけての約一週間開催されている「東川町国際写真フェスティバル（東川町フォトフェスタ）」を見ることにする。当該フォトフェスタでは、「写真の町東川賞」の授賞式や当該受賞作家の作品展、フォーラムをはじめ、写真家発掘のための「ストリートギャラリー・フォトコンテスト」や「赤レンガ公開ポートフォリオオーディション」等が開催され、国内外から多くの写真家や写真ファンが訪れる。

国内外注目の企画だったが、これらは町民との接点を見出すことが難しい企画であったため、一九九〇年代に入ると町内で存廃論議が起きることになった。しかし、町民対象のアンケートでは町民参加型で写真によるまちづくりを行うべきだという意見が多かったため、様々な見直しを図ることになったのである。その一つとして始まったのが「全国高等学校写真選手権大会」、通称「写真甲子園」である。

写真甲子園は、一九九四年に「写真の町一〇年を記念して、全国の高校写真部・サークルに新しい活動の場の提供と選手同士の交流を目的として[12]」始まった。東川町フォトフェスタに先駆けて、七月下旬から八月上旬にかけての四日間開催される。参加校数は当初一六三校であったが、新聞や各地元放送局の他、ＢＳフジで『写真甲子園特別番組』が全国放送されたこともあって、増加し続け、二〇一三年以降は五〇〇校を超えている。当初は一二校だった本戦出場も現在は一八校となっている。一チーム選手三名、監督一名で本戦を戦う。現在の写真甲子園は、東川町、美瑛町、上富良野町、東神楽町、旭川市、北海道新聞社、全国新聞社事業協議会の七団体で構成される写真甲子園実行委員会が主催しているため、本戦の撮影場所も、当該一市四町となっている。参加校の増大とともに周辺自治体も巻き込んだ取り組みとしたところに、大きな意義を見出すことができる。「大会期間中はカメラを抱えた高校生が（中略）町民たちにもカメラを向ける。当初『写真の町』に懐疑的だった住民も、（中略）被写体になることを意識するようになる。（中略）開会式ではまちの幼稚園児が高校生を出迎え、小学生がスクールバンドの演奏を披露。期間中は町内団体の女性部などから成るボランティアスタッフが、選手たちの食

**表２　フォトフェスタ、写真甲子園等の来場者数・経済効果・支出総額とその財源**

（単位：千円）

| | 来場者数 | 経済効果 | 支出総額 | 充当財源内訳 | | | | |
|---|---|---|---|---|---|---|---|---|
| | | | | 国庫支出金（文化庁）<br>文化芸術振興費補助金 | 道支出金（北海道）<br>地域づくり総合交付金 | 北海道市町村振興協会<br>いきいきふるさと推進事業助成金 | 協賛金・町内受入負担金・前年度繰越金等 | 東川町実質負担額 |
| 2017年 | 37,000人 | 159,770 | 45,197 | 28,000 | — | — | 2,197 | 15,000 |
| 2018年 | 38,200人 | 166,150 | 49,778 | 20,100 | 3,300 | 1,000 | 7,378 | 18,000 |
| 2019年 | 39,400人 | 175,790 | 38,998 | 21,000 | — | — | 6,798 | 11,200 |

（注）１）補助金については、町の間接補助のため、町で一旦受入れを行っている。
　　　２）経済効果は文化庁の指定様式により算出している。
　　　３）国庫支出金や道支出金については、事業ごとに対象経費を明確に区分して申請している。
（出所）『文化芸術創造拠点形成事業（文化庁）実施報告』（東川町写真の町課提供資料）より筆者作成。

事を用意する。ホストファミリーの自宅でホームステイを実施し、大会に参加する高校生は一部期間を宿泊施設ではなく民家に滞在する。[13]」これが町民の意識を変えていくことになったのである。すなわち、当該写真甲子園が「行政主導で始まった『写真の町』事業を、町民が他人ごとでなく『自分ごと』として好意的に受け入れるようにな[14]」るきっかけをつくったのである。

ここで東川町フォトフェスタや写真甲子園等の来場者数、経済効果、支出総額とその財源を見ていこう。（表２）のようになっており、来場者数は、二〇一七年度が三万七、〇〇〇人、二〇一八年度三万八、二〇〇人、二〇一九年度が三万九、四〇〇人と、ここ数年だけを見ても、毎年度確実に増加している。写真甲子園だけに限定すれば、来場者数は毎年度約五、〇〇〇人といわれている。町民を中心としたボランティアスタッフ約三〇〇名がこれらを支えている。文化庁の指定様式により算出した経済効果も、二〇一七年度が一億五、九七七万円、二〇一八年度が一億六、六一五万円、二〇一九年度が一億七、五七九万円と毎年度増加をしており、二億円に迫る勢いである。支出総額の大半は、文化庁の補助金や道支出金、協賛金、ＪＡひがしかわ等の町内受入負担金で賄われ、町の実質負担額は、毎年度支出総額の１／３程度である。東川町の実質負担額に対する経済効果は、二〇一七年度が一〇・七倍、二〇一八年度が九・二倍、二〇一九年が一五・七倍となっており、経済的・財政的インパクトは大きいといえよう。

東川町のような行政と地域住民ボランティアが協働でつくりあげていく文化で町おこしという取り組みは、長野県内では飯田市の「いいだ人形劇フェスタ」や大町市の「北アルプス国際芸術祭」、御代田町の「浅間国際フォトフェスティバル」でも見られる。

文化で町おこしという取り組みは、経済的、財政的な効果だけでなく、住民が住んでいる町を好きになったり、その町に誇りを持ってもらったりするためにも大変重要であるといえよう。住んでいる町に個性や魅力がなければ、住む理由がなくなり、簡単に便利な都会へと移り住んでしまうということになるからである。また、これらは行政だけでできるものではない。様々な企画を行政職員と住民が協働で行う必要があり、その中で互いに信頼関係が生まれ、住民の声が行政に反映される環境が醸成されていく。行政職員も住民も町の政策や取り組みに無関心でいられなくなる。経験をすることで、互いに自然に教育され、積極的になっていく。これこそが真の地方自治であると考える。文化で町おこしはそれほど簡単ではないし、時間もかかるが、当該市町村自体だけでなく、行政職員や住民も様々な意味で成長できることを考慮すると、文化庁や都道府県の補助金等の支援も上手く利用しながら、実施を検討する意義は十分にあると考える。

**表3　東川町土地開発公社宅地造成分譲実績**

| 事業主体 | 団　地　名 | 造成年度 | 販　売区画数 | 販売面積（㎡） | 残区画数 |
|---|---|---|---|---|---|
| 東川町土地開発公社 | 清流江崎団地 | 1985 | 29 | 9,362 | 0 |
| | 西川（平田）団地 | 1986 | 17 | 5,321 | 0 |
| | 清流西団地 | 1991 | 31 | 12,151 | 0 |
| | 清流西団地（第2次） | 1992 | 10 | 3,970 | 0 |
| | 新栄団地（第2次） | 1994 | 14 | 5,163 | 0 |
| | 公園団地（第2次） | 1994 | 12 | 4,232 | 0 |
| | えぽっく101 | 1995 | 43 | 16,027 | 0 |
| | えぽっく102（第1次） | 1996 | 46 | 14,978 | 0 |
| | えぽっく102（第2次） | 1998 | 47 | 17,473 | 0 |
| | 新栄団地（第3次） | 1999 | 19 | 7,922 | 0 |
| | えぽっく102（第3次） | 2001 | 51 | 18,198 | 0 |
| | イーストタウン | 2004 | 40 | 14,775 | 0 |
| | グリーンヴィレッジ（第1期） | 2006 | 33 | 13,585 | 0 |
| | グリーンヴィレッジ（第2期）※ | 2008 | 19 | 9,062 | 0 |
| | 新栄団地（第4次） | 2008 | 25 | 10,897 | 0 |
| | ガーデンコート・キトウシ | 2011 | 18 | 7,081 | 0 |
| | グリーンヴィレッジ（第3期） | 2012 | 35 | 16,578 | 0 |
| | 友遊団地 | 2012 | 16 | 9,519 | 2 |
| | グレースヴレッジ | 2016 | 22 | 8,519 | 0 |
| | ガーデンコートキトウシⅡ | 2018 | 14 | 5,884 | 3 |
| | ウェストヴィレッジ | 2018 | 34 | 13,016 | 0 |
| | 友遊団地Ⅱ | 2019 | 23 | 13,461 | 18 |
| | 新栄団地（第5次） | 2019 | 21 | 11,829 | 19 |
| | グレースヴィレッジⅡ | 2020 | 11 | 6,107 | 5 |
| 合　計 | | | 630 | 255,110 | 47 |

（注）1）残区画数は2020年10月1日現在である。
2）※は東川町特別会計での造成。
（出所）『東川町土地開発公社宅地造成分実績』（東川町税務定住課提供資料）

### 3　大規模宅地造成

宅地造成については、（表3）のように東川町土地開発公社により以前から行われていたが、小規模であったこともあり、大きな人口の転入とはならなかった。転機が訪れたのは一九九四年度からである。バブル景気に入っても地価がほとんど上がらなかった東川町に対し、旭川市は一九九〇年になって、地価が前年比で五五％も急騰したのである。二・〇倍程度で推移していた東川町と旭川市の基準地価の価格差が、一九九二年度には最大五・一倍まで跳ね上がった。バブル景気崩壊後も旭川市の地価はすぐには下がらなかったため、民間各社は、通勤、通学が便利な比較的地価の安い旭川市と隣接する周辺の東川町や東神楽町、鷹栖町に目を向け、一九九四年度から宅地造成を行ったのである。一九九五年度からは、（表3）のように東川町土地開発公社を通じて町も大々的に宅地造成と販売に乗り出した。一九九五年度から二〇〇二年度までにかけて、官民合わせて五二六区画を供給した。まだ、町の知名度もさほど高くなく、しかも緊縮財政の時代であったが、九〇年代末から住宅ローン金利が急速に下がったことや一九九九年から始まった住宅ローン減税の効果もあって、完売したのである。「バブル崩壊前後の一時期だけに現れた絶好の機会を逃さず、大胆な住宅政策を展開したことが(15)」この時期、そしてこの後の人口増加に寄与したといえるであろう。

## 二　「東川らしさ」を追求して更なる発展に寄与した四つの取り組み

二〇〇〇年代に入り、「東川らしさ」が町で意識されるようになってきた。「東川らしさ」の追及は、近隣市町村との合併に反対し、東川町単独で生き残るべきだと主張した現・松岡市郎町長が二〇〇三年二月の町長選に当選してから、更に加速したといえよう。様々な子育て支援事業や公設民営による企業誘致事業、木工という地域産業の育成・推進事業、二〇一九年度には五億円に到達した「ひがしかわ株主制度」など、二〇〇一年度以降、東川らしい独自の政策や取り組みが数多く実施されているが、ここでは、重要な以下の四つの取り組みを見ていくことにする。

### 1　新たな移住・定住政策

不況により二〇〇〇年代に入ると旭川市の地価が下がり、東川町の宅地の割安感が薄れてきた二〇〇三年、町は宅地販売では取り込めなかった若いファミリー層や独身者達を呼び込むために、賃貸アパートを建設する事業者らへ建築費の1／3以内を補助する民間賃貸共同住宅建設等支援事業を二〇〇三年度から二〇〇五年度の三ヵ年度と二〇一三年度と二〇一四年度の二ヵ年度、実施した。町内への経済効果を高めるために、建築一戸当の補助の上限を町内業者建築の場合は一八〇万円、町外業者建築の場合は一三〇万円と差別化している。これにより二〇〇三年度は十三棟六七戸、二〇〇四年度は十棟五五戸、二〇〇五年度は二棟一二戸が建設され、町から補助金としてそれぞれ一億七四四万円、八、一九〇万円、二、一〇八万円が支出された。二〇一三年度は四棟四一戸、二〇一四年度は二棟八戸、補助金としてそれぞれ七、五五八万円、一、八七二万円が支出された。期間を区切っているのは、「需要を満たしているどうかや転入者の増加などからアパートを建設する事業者が増えてきているかどうかを見定めながら[16]」行っていたからである。

宅地開発の手法も大きく転換された。（表3）にあるように二〇〇六年度以降、「新規の分譲区画数は九〇年代の半分以下に絞り込む一方で、売り出す分譲地の付加価値を高める方向に転換した[17]」のである。その契機となったのが、二〇〇二年一月に制定された「美しい東川の風景を守り育てる条例」で、この景観条例に基づいた美しい景観の「東川風住宅」を新築する者に物置及びカーポート等の建設経費の1／2以内、上限五〇万円を補助する新たな景観住宅建設支援事業を展開した。二〇〇六年度から二〇二〇年度（一〇月二〇日）までで一三五件利用され、六、〇二六万円が町から支出された。二〇一四年度からは、住宅本体を対象とする北方住宅建設推進事業（二〇一五年度からきた住まいる建設推進事業に名称変更）や二世帯居住推進事業なども実施されるようになった。これらにより「写真のまち」として、美しい写真映えのする町へと変貌を遂げていったのである。

また、町は移住者が多くなり、その職業や年齢層が大きく広がりを見せたことを受けて、二〇〇三年度から新たに町内で起業する者に最大で一〇〇万円を補助するという新規起業者への支援事業も行うようになった。二〇〇三年度から二〇二〇年度（一〇月二〇日）までにこの補助金を活用して新たに起業したのは一二三件にも上る。補助金としての町からの支出額は、合計で一億八七五万円となる。これにより、町には飲食店やカフェ、パン工房、クラフト、雑貨店、美容室、アウトドアショップなど小規模ながらもおしゃれな店舗が増加した。

転入者の転出元市町村[18]を見ると、一九八五年度から二〇一一年度までは、北海道内市町村が九一・七％、関東の市区町村が五・五％を占めており、更に北海道市町村の内訳を見ると、旭川市が六三・一％、東川町がある上川振興局管内町村が七・四％と周辺地域からの転入が七割を占め、札幌市からはわずかに五・九％となっていた。それが二〇一七年度からのここ三年間[19]では、北海道内市町村が八一・一％と依然として割合が高いものの、関東の市区町村が九・六％と増え、また、北海道内市町村の内訳についても旭川市が三八・二％、上川振興局管内町村が一〇・五％と周辺地域からの転入が五割を下回り、逆に札幌市からの転入は一〇・〇％と増えている。二〇〇一年度以降の「東川町らしさ」の追求により、札幌市や関東の市区町村などの旭川市以外の市町村からのＵＩＪターンが増加しており、「旭川のベッドタウンとしてではなく、東川にこそ住みたいという移住者が増えていった[20]」ということが裏付けられたといえよう。二〇〇〇年度以降、同じ旭川市のベッドタウンとして発展していた鷹栖町は人口減となっていったが、東川町は「東川らしさ」を追求することで、その後も更なる発展を遂げたのである。

## 2　二つの地域団体商標

長野県内七七市町村には、地域団体商標がわずか九つしかないが、この小さな町には、それが二つもある。

### (1)　地域団体商標「大雪旭岳源水」

町には上水道がないが、大雪山旭岳に降った雨や雪が何十年もかかって地下浸透することによってできた水質の良い伏流水（地下水）が豊富にある。町では、「各戸が地中に二〇メートル前後のボーリングを行い、ホームポンプを設置して地下水を汲み上げて飲料水などに利用している。」[21]「大雪山の麓に位置するノカナン地区には、この伏流水が日量六、六〇〇トン程度湧き出している所があり、東川町ではここを二〇〇四年に『大雪旭岳源水』[22]と命名し、公園として整備している。ここでは自由に水を汲むことができ[23]」るようになっている。

二〇一一年三月一一日の東日本大震災の際、被災者に水を十分に提供できなかったことから、翌月に町は、「生活協同組合コープさっぽろ」や「JAひがしかわ」と協力して、水工場設立に向けたプロジェクトをスタートさせた。驚くべき速さで課題を克服し、翌年三月には三社が共同出資する水工場の社名が「大雪水資源保全センター」に決まり、八月にはノカナン地区で工場建築が始まり、翌年二〇一三年の一月七日に完成引き渡しとなった。保全センターの建設費が三億五、二八〇万円、機械設備費が三億五、七〇〇万、合計で七億九八〇万円となっているが、そのうち、六、〇二一万円は北海道企業立地促進費補助金で賄われているため、借入金は六億四、九五九万円となっている[24]。当該借入金の借入先は、コープさっぽろで、返済期間は一五年である。職員一五名でスタートしたが、その後事業が安定したこともあり、二〇二〇年度の職員数は、正規社員四名、専任職員九人、パート職員四人の合計一七人となっている。(25) このうち、町内在住者は七人である。

同年一月一〇日からミネラルウォーターの生産が始まり、四月五日には、特許庁の地域団体商標に登録された。二〇一六年四月には、更に価値を高めるためにモンドセレクションの最高金賞を獲得した。(26)

二〇一三年度から三年間は赤字であったが、出荷先拡大に向けた営業などにより、二〇一六年度以降黒字に転じた。出荷本数は二〇一八年度二ℓが四三四万八、三六八本、五〇〇mlが二五五万一、二九六本、二〇一九年度二ℓが四九一万八、六五六本、五〇〇mlが三〇四万三、〇五六本と増加したため、二〇一九年度には、売上高四億二六八万八、一九一円、当期純利益が二、八三六万二、八九六円となった。法人住民税の法人税割は、二〇一九年度まで欠損金繰越控除のため、生じていないが、二〇二〇年度からは、法人税割が発生するようである。二〇一九年度は、法人住民税の均等割として一五万六、〇〇〇円、固定資産税として二八八万四、四四〇円（土地に三万一、二七〇円、家屋に二一〇万五、四三八円、償却資産に七四万七、七三二円）徴収されている。これに加え、町内在住の職員七人の個人住民税等も納付される。更に関係者の思いから、商品出荷二ℓあたり〇・五円が保全センターより町に寄付されることになっている。二〇一九年度の出荷本数を例にとれば、単純計算で約二八四万円が東川町に寄付されたことになる。このように、保全センターの建設と「大雪旭岳源水」の地域団体商標の登録は、町民に誇りを与えるだけでなく、税収効果や雇用創出の面でも重要であったといえるだろう。

(2) 地域団体商標「東川米」

次に東川米について見ていこう。町内には水田が約三、〇〇〇haある。特に「四季がはっきりしているうえに、自然災害といった被害が少ない。しかも水は豊富である」(27)など、稲作に向いた土地柄である。現在でこそ、北海道米は美味しいと有名になったが、それは二〇一二年五月一一日、東川米が北海道米として最初に地域団体商標に登録されたことが大きい。生産者やＪＡひがしかわ、町役場に進取の精神、一丸となる団結力があったからできたことである。生産者はこのために、種まきした日付、肥料の量や施肥回数、収穫前の食味などを農協独自の点検シートに記録するなど、非常に手間のかかる作業をしなければならない。一方で、これを行うことによって、生産者側にも「良質の作物を目指すポイントがつかめるほか、作業の手順などが統一されることによってともにレベルアップが図れるというメリットもある。」(28)二〇二〇年度の田の作付面積は、二、二二四・七七四haである。(29)東川米の出荷量は、二〇一七年が一八万一、八六〇俵、二〇一八年が一六万三、三三三・五俵、二〇一九年が一七万六、三四四・五俵となっており、これは約二〇万人の年間消費量に相当する。東川米の引渡金額の二〇一一年以降の推移をみると、(30)二〇一二年の地域団体商標の登録を受けて、二〇一二年は引き渡し金額が、「ゆめぴりか」が一一・八%、「ななつぼし」と「おぼろづき」が一三・三%増加した。東日本大震災による主産地の被害などもあり、二〇一一年度から二〇一二年度にかけて、全国の米の相対取引価格が、全銘柄平均価格で九・六%上昇しているので、その分は差し引いて考えなければならないが、それでも登録の効果はあったといえよう。その後二〇一三年度から二〇一五年度にかけて、引渡金額が下落しているが、これも様々な外的な要因を受けてのことで、その後は持ち直し、現在は安定した金額となっている。東川米は作付する段階で、ほぼ完売という人気ぶりで、農家の所得の安定や増加につながっている。

長野県には各地方に特産物が多いが、地域団体商標の登録はほとんどなされていない現状にある。各市町村が主体となって、生産者や事業協同組合、商工会等と協力して、特産物をブランド化する必要があるだろう。登録により、他者への権利行使やライセンス契約などの法的効果が発生したり、取引信用度や商品・サービスのブランド力の増大等、他との差別化効果が生まれたり、団体組織の強化やブランドに対する自負の形成等の効果も生じたりする。ブランドを保つためには、品質管理が大変になるが、それにより当該市町村の知名度だけでなく、生産者の所得や意識も上がる可能性が高い。更に行政職員と生産者、生産団体との信頼関係も深まり、自治の発展にもつながることが期待されるだけに、積極的な登録を検討すべきであると考える。

### 3　積極的な補助金の活用

東川町は過疎地指定から外れたため、一九九五年度から「起債でまかなうことが多い普通建設事業など投資的経費は抑制され、道路の建設、補修や新規の施設建設などはなかなか手が回らなかった。（中略）九八年度には、（中略）経営を維持できなくなっていた町立病院を町立診療所に『格下げ』する、縮小再編を迫られた[31]」のである。

ところが、二〇〇八年度にリーマン・ショックという転換期がやってくる。これを機に国が様々な交付金制度を創設したことにより、町は積極財政へと転換した。その後、数年で他の市町村は平時に戻ったが、東川町は積極財政を続けた。それが可能であったのは、辺地対策事業債など「補助金、交付金などの国の制度を子細に研究してみると、国の財政メニューの中で、町が活用できる余地はまだあることが見えてきた[32]」からである。目的に合わせて積極的に補助金を活用するという考え方に転換した町の代表的な公共事業である東川小学校・地域交流センターとせんとぴゅあⅠ・Ⅱの二つについて見ていこう。

#### (3)　東川小学校と地域交流センター

町役場傍の東川小学校は、建設から約半世紀が経過し、校舎の建て替えは喫緊の課題であった。二〇〇八年、現在地での建て替えか、移転して新築するか等を検討することになった。その際『東川らしさ』を追求する町としては、地域の人間関係を豊かにするような施設にしたいという考えもあった。七月に町と町の教育委員会は、建設検討委員会を設置して、論議をスタートさせた。「論議に加え住民へのアンケート調査などを行った結果、(中略)校舎を移転新築し、地域交流センターも併設する方向に議論が集約されていった。[33]」これを受けて町の教育委員会は、二〇一一年三月に、北海道大学大学院工学研究院の協力も得て、基本計画を策定したのである。九月にプロポーザルで受託候補者を選定し、実施計画を進め、二〇一二年一一月工事着工、二〇一四年三月に建築物完成、一〇月からの利用開始となった。

町が「水田など約一六haを取得して、このうち約四haに東川小の新校舎を建設し、残る一二haの敷地を使って地域交流センターやサッカー場、野球場、芝生公園、体験農園などを整備する内容だった。[34]」四〇数億円の財政規模の町が四〇億円を超える規模の公共事業を行うため、一部の町民からは、身の丈に合った整備をすべきだとの反対の声があがったが、それを町は実行に移した。それは、国や北海道の補助金を上手く活用することで、町の負担額を大きく減らすことができると考えていたからであろう。

各学年三クラス、六学年で計一八クラスの普通教室をはじめ、特別教室、体育館、地域交流センターまでもが、すべてワンフロアに配置されていた。教室は可動式で、教室ごとの区切りは一応あるが、廊下側の壁は取り払われ、授業がすべて廊下から見えるようになっている。校舎や体育館は、「災害時に地域住民の避難場所としても使えるように、自家発電装置や太陽光発電、蓄電池などを備え、地球環境に配慮した省エネ設計[35]」になっていた。地域交流センターは、放課後の学童保育だけでなく、町民の文化

表4　東川小学校・地域交流センターの建設事業費とその財源

（単位：千円）

| | 建設事業費 | 充当財源内訳 国庫支出金 文部科学省学校施設環境改善交付金 | 文部科学省公立学校施設整備費国庫負担金 | 国土交通省社会資本整備総合交付金 | 起債（交付税措置） 旧緊急防災・減債事業債（充当率100%）（措置率80%） | 緊急防災・減債事業債（充当率100%）（措置率70%） | 補正予算債（充当率100%）（措置率50%） | 地域活性化事業債（充当率90%）（措置率30%） | 起債 一般公共事業債 | ① 一般財源 | ② 基金繰入 | ③ 実質償還費 | ①+②+③ 実質東川町負担額 | 実質負担比率 |
|---|---|---|---|---|---|---|---|---|---|---|---|---|---|---|
| 学校 | 3,743,218 | 672,350 | 374,586 | — | 339,500 | 2,311,000 | — | — | — | 45,782 | — | 761,200 | 806,982 | 21.6% |
| ター | 654,532 | — | — | 233,578 | — | — | 266,200 | 109,300 | 3,500 | 27,954 | 14,000 | 213,110 | 255,064 | 39.0% |
| | 4,397,750 | 672,350 | 374,586 | 233,578 | 339,500 | 2,311,000 | 266,200 | 109,300 | 3,500 | 73,736 | 14,000 | 974,310 | 1,062,046 | 24.1% |

）1）旧緊急防災・減債事業費債は、2012年度のみ利用可能であった地方債である。
2）③実質償還費は、起債のうち交付税措置されない額の合計額である。
3）③実質償還費の中に利息は含まれていない。
所）『せんとぴゅあⅠ・Ⅱにかかる全体事業費、起債額と償還額、交付税措置分』（東川町総務企画提供資料）より筆者作成。

活動にも利用できる空間として設計されている。生徒の保護者だけでなく、ここで働く教員までもが、「開放的なこの学校なら、素晴らしい教育ができる」(36)と高揚したのである。

それでは、東川小学校と東川町地域交流センターの建設事業費とその財源を見ていくことにする。当初の予定では二つの建設事業費合わせて、三八億二、九四六万円であったが、（表4）を見てもわかるように、実際には、四三億九、七七五万円にまで膨らんだのである。驚くべきは、その実質負担額と実質負担率で、国庫支出金と地方交付税で措置される地方債を上手く活用した結果、前者が一〇億六、二〇五万円、後者が二四・一%となっている。中でも、小学校を災害時の避難場所、すなわち複合施設にして、東日本大震災を教訓にしてできた緊急防災・減債事業債を活用した部分が大きい。

### (2)　せんとぴゅあⅠ・Ⅱ

次にせんとぴゅあⅠ・Ⅱについて見ることにする。まず、せんとぴゅあⅠであるが、これは東川小学校の旧校舎を利用した複合施設を指す。二〇一四年一〇月に新校舎へ移転した後の東川小学校の旧校舎の二階部分は、二〇一五年一〇月より開校する全国初の公立日本語学校が使用することになった。また、一

**表５　せんとぴゅあⅠ・Ⅱの建設事業費とその財源**

（単位：千円

| | 建設事業費 | 充当財源内訳 | | | | | | | ② | ①＋② | |
|---|---|---|---|---|---|---|---|---|---|---|---|
| | | 国庫支出金 | | 道支出金 | 起債（交付税措置） | | | ① | | | |
| | | 内閣府地方創生拠点整備交付金 | 国土交通省社会資本整備総合交付金 | 地域づくり総合交付金 | 緊急防災・減債事業債（充当率100%）（措置率70%） | 補正予算の一般補助施設等整備事業債（充当率100%）（措置率50%） | 地域活性化事業債（充当率90%）（措置率30%） | 一般財源 | 実質償還費 | 実質東川町負担額 | 実質負担比率 |
| せんとぴゅあⅠ | 991,400 | — | — | — | 991,400 | — | — | — | 297,420 | 297,420 | 30.0% |
| せんとぴゅあⅡ | 1,360,832 | 295,817 | 63,100 | 27,000 | — | 245,800 | 680,300 | 48,815 | 599,110 | 647,925 | 47.6% |
| 合計 | 2,352,232 | 295,817 | 63,100 | 27,000 | 339,500 | 245,800 | 680,300 | 48,815 | 896,530 | 945,345 | 40.2% |

（注）１）②実質償還費は、起債のうち交付税措置されない額の合計額である。
　　　２）②実質償還費の中に利息は含まれていない。
　　　３）①＋②実質東川町負担額については、基金繰入・土地開発公社からの寄付で300,00
　　　千円充当し、残りも日本語学校の年間授業料約１億円（各年度）や他経済循環政策、
　　　定住人口増で財源措置する予定となっている。
（出所）『せんとぴゅあⅠ・Ⅱにかかる全体事業費、起債額と償還額、交付税措置分』（東川町
　　　総務企画提供資料）より筆者作成。

階部分を中心とした残りの部分は、文化活動や国際交流、住民の自主的な活動等、多様な交流の拠点となるように校舎は改修され、耐震工事も施し、二〇一六年一〇月に「東川町文化芸術交流センター」として蘇った。当該施設には、災害時に町民が避難することができる非常用施設としても利用可能な宿泊施設「東川町防災宿泊センター」も併設されている。これらは、統廃合等の小学校の跡地利用という点でも注目すべき事例であるといえよう。

　更に当該交流センターに隣接する小学校のグランド跡地に、文化複合交流施設「東川町写真文化首都創生館」、通称せんとぴゅあⅡも建設され、二〇一八年七月に開館した。当該施設は、図書館、美術館、博物館の機能を併せ持つ、知の複合施設といってよい。開館してからの入場者数は、二〇一八年度は九カ月ながら七万九、八六二人に、二〇一九年度に至っては、閉館期間の延長などコロナウィルスの影響がありながらも一九万八三〇人に達した[37]。一日の平均入場者数は二〇一八年度が三五五人、二〇一九年度が六三六人となる。町民の関心の高い、利用率の高い施設となっていることは、間違いないであろう。

これらの施設の建設事業費であるが、(表5)を見てもわかるように二つの施設を合わせて、二三億五、二二三万円と東川小学校に及ばないまでも、巨額な公共事業となっている。しかし、これを国庫支出金、北海道支出金、地方交付税で措置される地方債を上手く活用することで、町の実質負担額を建設費全体の四〇・二%、九億四、五三五万円に抑えている。せんとぴゅあⅠを災害時の避難場所、すなわち複合施設にして、建設費全額を緊急防災・減債事業債で起債することができたことが大きい。せんとぴゅあⅡについても、それぞれ三種類の支出金、地方交付税で措置される地方債が活用されており、苦心の跡が見られる。このようにしてまでも、大きな公共事業を実施する理由は、「世の中に注目されて、人口も増加傾向にあるといっても、まだまだわが町の歩みは脆弱である。世の中に注目されている、人口が増加している今だからこそ、しっかりとした社会資本整備を行い、確固たる歩みにしなければならない(38)」と考えていたからに他ならない。

## 4　小学校の旧校舎を利用した全国初の公立日本語学校の創立

二〇一五年一〇月、東山小学校の旧校舎の二階部分に全国初の公立の日本語学校となる「東川町立東川日本語学校」が開校した。町内の私立専門学校の韓国の卒業生が、「二〇〇七年に再び東川町を訪れた際、少子化が理由で学生や若者が少なくなった町の状態を見て、『日本語を教える講座があれば、韓国の若者を連れてきます』と松岡町長に打診した(39)」ことが開校のきっかけであった。

二〇〇八年の韓国での実態調査で、日本語研修の要望が強いことが判明したため、二〇〇九年から、私立専門学校の校舎を一部借りて、町が主催する三カ月未満の短期日本語・日本文化研修事業をスタートさせたのである。町は国の交流事業なども活用して、二〇一〇年から台湾、二〇一一年には中国、その後もラトビア、タイ、ウズベキスタン、ヨルダン、シンガポールなど一六カ国（地域）へと範囲を広げ、七年間で一、五〇〇人を超える研修生を受け入れた。

新しく開校した日本語学校では、短期の研修事業とは別に留学ビザを取得して六カ月間または一年間、日本語と日本文化を学ぶコースが新たに設けられた。私立専門学校の日本語学科には、一年六カ月と二年のコースが設置され、日本語学校とのすみ分けが図られている。留学生は、町内の民間事業者等が運営する学生会館で生活している。「町で行われるイベントに積極的に参加するほか、留学生自らが自国の文化紹介や料理をつくって町民に試食してもらうというイベントなどに取り組んでいる。[40]」このような環境で暮らした卒業生達は、帰国後もＳＮＳなどを利用して、好意的な情報発信を続ける。

それでは、ここで町の留学生への日本語教育事業の実施がもたらす、経済的、財政的なインパクトを見ていくことにする。「何よりも町内の定住人口増加に寄与している。住民基本台帳に基づく二〇一九年一二月末の人口は八、三七七人で、うち三九一人が外国人であった。このほか住民基本台帳人口の対象外である三カ月未満の短期留学生も随時受け入れている。このため（中略）町内に滞在する外国人は三〇〇人から多い時には四〇〇人超に上ると見られ、消費活動やイベントの参加などで町に活気を与えている。[41]」その他にも人口増加は、普通交付税の増加をもたらす。東川町企画総務課で、二〇一九年度の基準で普通交付税を試算したところによると、国勢調査人口が一人増加すると、基準財政収入額の対象税目等が一部増えるが、それ以上に基準財政需要額の測定単位が人口となっているすべての費目が増加するため、結果として一七万円から二一万円増加するようである。[42]これを仮に二〇万円として、二〇二〇年度の日本語教育事業実施に伴う留学生を三二〇人（日本語学校と私立専門学校の短期を除く留学生三〇〇人と日本語学校外国人教職員等二〇人のみ）として計算すると、二〇二一年度以降、五年間に亘り、毎年度普通交付税が六、四〇〇万円増加する計算になる。ただし、実際はコロナウィルスの影響で、二〇二〇年十月一日の留学生数は一三五人（留学生一一五人・外国人教職員等二〇人）と激減したため、毎年度二、七〇〇万円しか増加しないこととなった。

町では、日本語学校と私立専門学校の短期を除く留学生の学費、寮費、生活費の一部について支援を行っている。学費については、日本語学校は基本その1／2の額を[43]、私立専門学校は成績が良く特待生Ⅰ種であればその全額を、Ⅱ種でも一年六カ月コースであれば七〇万円を、二年コースであれば八〇万円を奨学金として支援することになっている。また、寮費については半額程度を、生活費についても一律で一人月八、〇〇〇円を支給することになっている。二〇一九年度のこれらにかかる費用は四億二、六一九万七、〇〇〇円であった[44]。留学生支援は、事業費の八割が特別交付税措置（省令第三条第一項第三号のロ）[45]されることになっている。一二月の算式分は、要望額（事業費の八割）の満額交付となっているため、三億四、〇九五万八、〇〇〇円が特別交付税として交付された。そのための町の支出額は、費用の二割である八、五二三万九、〇〇〇円である。

この町の支出額と特別交付税額を合わせた四億二、六一九万七、〇〇〇円が、実際に支援に使用されるわけであるが、その経済効果は一〇億円以上と推測される。それをわかりやすくモデル化したものが、（図1）である。東川町はこのようなモデルを日本語学校開校前から考えており、経済効果等を鑑みて、東川小学校の取り壊しを直前で止め、日本語学校の開校に踏み切ったのである[46]。

まず、①は留学生に対する支援である。四億円中、八割が国からの特別交付税で、二割が東川町の支出である。留学生の授業料と寮費の支援については、町から留学生に支出するのではなく、奨学金の受領委任により「東川町日本語教育協議会」や私立専門学校、寮を運営する各民間事業者に支出される。

図１　日本語教育事業実施による町内経済循環

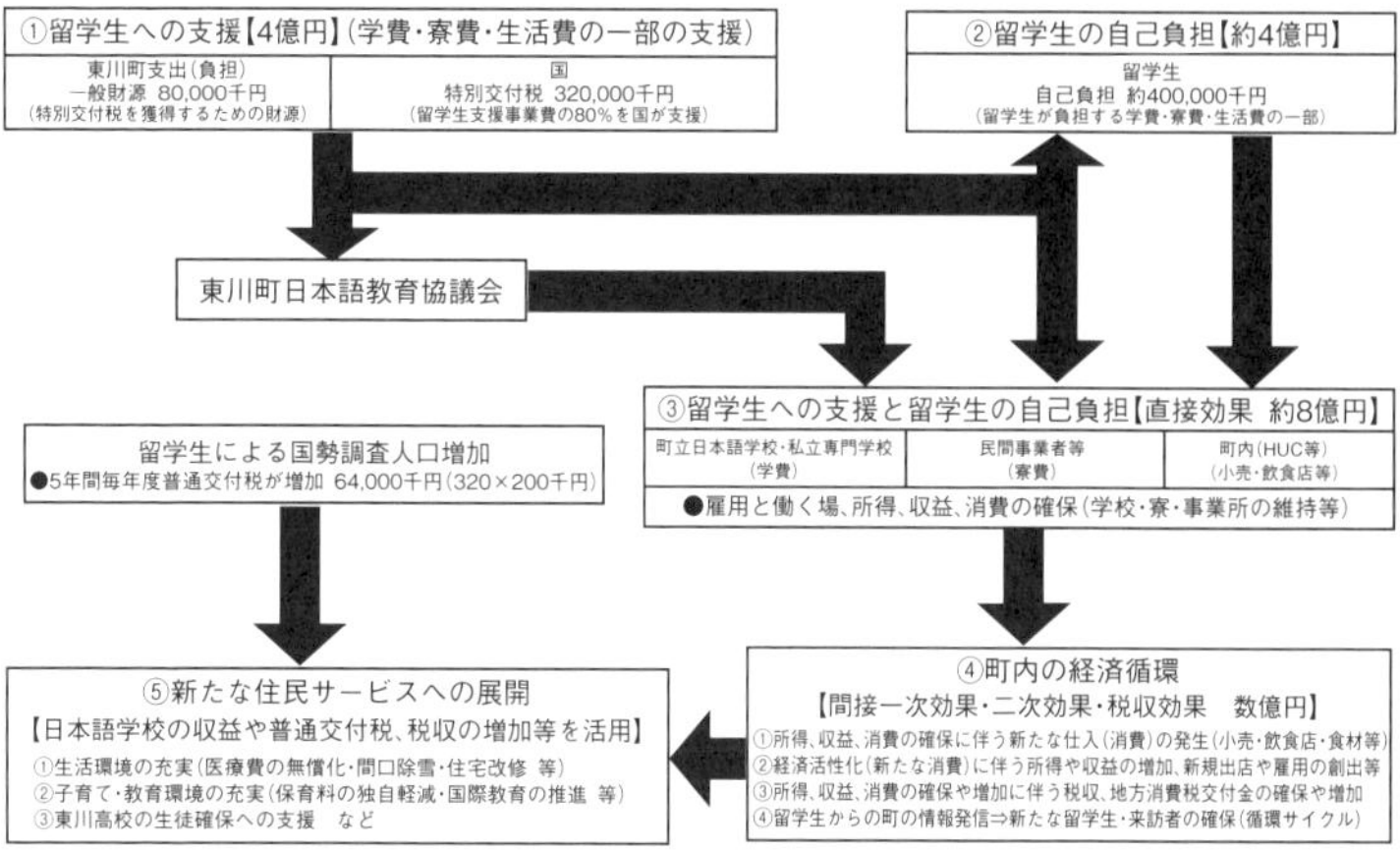
①留学生への支援【4億円】(学費・寮費・生活費の一部の支援)
東川町支出(負担)
一般財源 80,000千円
(特別交付税を獲得するための財源)
国
特別交付税 320,000千円
(留学生支援事業費の80%を国が支援)
②留学生の自己負担【約4億円】
留学生
自己負担 約400,000千円
(留学生が負担する学費・寮費・生活費の一部)
東川町日本語教育協議会
③留学生への支援と留学生の自己負担【直接効果 約8億円】
町立日本語学校・私立専門学校
(学費)
民間事業者等
(寮費)
町内(HUC等)
(小売・飲食店等)
●雇用と働く場、所得、収益、消費の確保(学校・寮・事業所の維持等)
留学生による国勢調査人口増加
●5年間毎年度普通交付税が増加 64,000千円(320×200千円)
④町内の経済循環
【間接一次効果・二次効果・税収効果　数億円】
①所得、収益、消費の確保に伴う新たな仕入(消費)の発生(小売・飲食店・食材等)
②経済活性化(新たな消費)に伴う所得や収益の増加、新規出店や雇用の創出等
③所得、収益、消費の確保や増加に伴う税収、地方消費税交付金の確保や増加
④留学生からの町の情報発信⇒新たな留学生・来訪者の確保(循環サイクル)
⑤新たな住民サービスへの展開
【日本語学校の収益や普通交付税、税収の増加等を活用】
①生活環境の充実(医療費の無償化・間口除雪・住宅改修 等)
②子育て・教育環境の充実(保育料の独自軽減・国際教育の推進 等)
③東川高校の生徒確保への支援　など

(注) 1)東川町企画総務課が、留学生・外国人教職員320人、留学生に対する支援を４億円として算出したものである。
(出所)『日本語教育授業実施による町内経済循環』(東川町企画総務課提供資料)に筆者が東川町企画総務課へのヒアリングの内容等を加筆修正。

毎月の留学生への生活費支援分八、〇〇〇円は、商工会ＨＵＣ（フック）運営委員会を通じて留学生に直接支援が行われるが、その際、使用されるのが東川ユニバーサルカード「ＨＵＣ」である。一〇〇店舗以上ある町内のお店だけで使用できるＩＣ式ポイントカードで、経済効果が他に漏れないように、このカードに生活費支援分がポイント（一円＝一ポイント）で、チャージされる。ポイントは、行政や町内で開催されるイベント等への参加によっても貯まるようになっている。

次に②の留学生が負担する分であるが、町からの支援を除く学費や寮費約九、五〇〇万円は、直接所属する学校や寮に支払う。寮費に平日の朝夕の食事代は含まれているが、平日の昼食代や土日の食事代、生活費等は各自の負担となる。生活費は、町からＨＵＣで八、〇〇〇ポイントの支給があるが、それだけでは足りないので、その分の支出額約三億五〇〇万円もある。町からの生活費支援分を合わせた生活費約三億二、八〇〇〇万円は、お店でＨＵＣや現金、カード等で直接支払うことになる。

そして③であるが、留学生への支援金や留学生の自己負担額は、日本語学校や私立専門学校、寮を運営する民間事業者、町内の小売・飲食店等に支払われ、雇用や所得、収益、消費の確保につながる。その典型的な例が日本語学校で、創設されたことにより、教職員四五名（校長・副校長各一名、常勤教員七名、非常勤講師二七名、事務局四名、多文化共生室五名）の雇用の創出につながっている（うち町内在住者二六名）。経済効果では、これらが直接効果であり、その額は概ね八億円にも及ぶ。

続いて④について、③の所得や収益、消費から、新たな仕入が発生したり、経済活性化に伴い所得や収益が増加したりすることが予想される。収益が増加した事業者は、新たな店舗を増やすかもしれないし、噂を聞きつけた町外の事業者は、東川町への新規出店を目指すかもしれない。それによる新たな雇用も創出されるだろう。また、一連の所得や収益、消費の確保や増加に伴って、町の税収、地方消費税交付金の確保や増加が、間違いなく生じるであろう。このように、間接一次効果・二次効果をはじめ、税収効果も生じるため、その額は数億円に及ぶであろう。どんなに少なく見積もっても、日本語教育事業実施による経済効果は、直接効果と合わせて一〇億円は下らないであろうと予測される。

最後は⑤についてで、町は留学生と外国人教職員等が三二〇名増えることで、五年間に亘り交付される普通交付税六、四〇〇万円や所得、収益、消費の確保や増加により生じる町の税収、地方消費税交付金の一部等を活用して、新たな住民サービスの展開、すなわち、医療費の無償化や間口除雪、住宅改修等、生活環境の充実を図ったり、保育料の独自軽減や国際教育の推進等の子育て・教育環境を充実させたりすることも可能になる。

町の八、〇〇〇万円にも及ぶ留学生への支援事業については、町民からは八、〇〇〇万円は過度であるとの批判もあるようだが、税収や普通交付税の増加が見込まれ、住民サービスの向上が期待でき、更に一〇億円という町の二〇一八年度の一般会計決算額九四億五、一四六億円の一割を凌駕するような経済効果も見込まれる事業を実施しないという選択肢はないであろう。当該事業から得られる効果を町民に丁寧に説明すれば、必ず理解は得られると考える。

## 三　財政効果

東川町は補助金を上手く活用していることがわかった。その中でも、とりわけ上手く活用しているのが地方交付税である。そこでここでは、町の地方交付税について見ていくことにする。

まずは、二〇〇七年度から二〇一八年度までの普通交付税の推移を表した（図2）を見ていこう。全国町村平均や北海道町村平均が概ね同じ推移をたどる中で、東川町だけが、二〇一二年度以降も一貫して増え続け、二〇一八年度には、二〇〇七年度の六六・〇％増となる二六億五、八〇〇万にまで達した。ただし、町の各年度の「普通交付税・地方特例交付金等及び臨時財政対策債発行可能額算出資料」を確認すると、前半と後半で増加の要因に違いがある。前半の二〇〇七年度から二〇一二年度ないし二〇一三年度までの普通交付税の増加は、リーマン・ショックや東日本大震災の影響により、基準財政収入額が減少したこととそれに伴う政府の交付税措置される景気対策事業の活用による基準財政需要額の増加が、大きな要因である。後半の二〇一三年度から二〇一八年の増加は、政府の景気対策事業も引き続き活用しつつ、新たに東川小学校・地域交流センターやせんとぴゅあⅠの建設で活用された緊急防災・減債事業債、すなわち基準財政需要額の公債費の東日本大震災全国緊急防災施設等債償還費とキト

図２　全国町村平均・北海道町村平均・東川町の普通交付税の推移

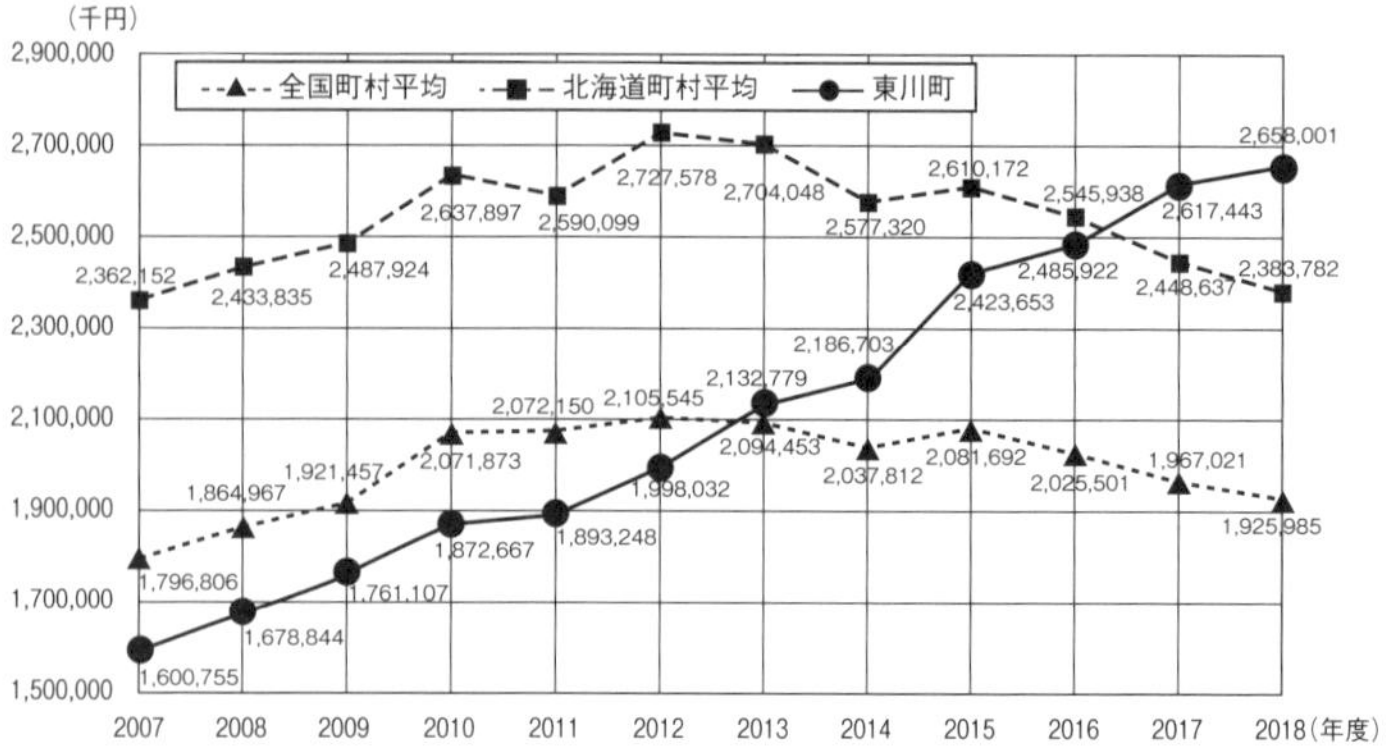


（注）１）当該期間、市町村合併や編入、町制から市制への移行等があるが、町村平均は2018年度の926町村を基準にして、過去の数字をすべて移行、修正して、全国町村平均、北海道町村平均を算出している。
（出所）総務省［各年度］『市町村決算状況調』（総務省自治財政局財政課提供資料）より筆者作成。

ウシ森林公園整備事業や特定地区公園（現・ゆめ公園）整備事業、第一地区コミュニティーセンター増築事業等で活用された辺地対策事業債償還費の計上が大きな要因であるといえよう。これらは、二〇一五年度以降二つ合わせて四億円以上、二〇一八年度には五億六、五〇〇万円も計上されている。

それ以外にも東川町は、国際教育の推進やイングリッシュキャンプの充実、インターナショナルクラブ活動の充実等に力を入れており、毎年度、語学指導等を行う外国青年招致事業（ＪＥＴプログラム）のコーディネーターとして外国語指導助手や国際交流員、スポーツ国際交流員を町に招聘している。二〇〇七年度は当該コーディネーターが一名であったが、二〇一八年度には一七名に増加している。その費用については、普通交付税の地域振興費（密度補正Ⅲの外国青年招致人数等）の約八、〇〇〇万円（二〇一八年度は一名につき四七二万円増加）[47]で、措置されていることも、増加の要因として挙げられる。そしてこの人口増加で、普通交付税が更に増えることになる。また、町の国勢調査人口は、二〇〇五年が七、七〇一人、二〇一〇年が七、八五九人、二〇一五年度が八、一一一人と増加している。基準財政重要額の費目の測定単位の人口は、国勢調査人口が使用される。新たな数字は、国勢調査の翌年度から使用されることになるため、一人の増加により基準財政需要額が二〇万円増加すると仮定すると、二〇〇七年度と比べて二〇一一年度以降は二〇万円×一五八人＝三、一六〇万円、二〇一六年度以降は二〇万円×四一〇人＝八、二〇〇万円、継続的に普通交付税が増加していたことになる。これも増加の要因の一つであるといえよう。

なお、コーディネーターは、二〇二〇年度、基準財政需要額に過去最大の二三人が計上されている。一〇人であった二〇一五年度と比較すると、一三人分、国勢調査人口が増加することになる。これにより、二〇二一年度以降、五年間に亘り毎年普通交付税が二、六〇〇万円増加すると予想される。

次に留学生の支援において、インパクトのあった特別交付税の二〇〇七年度から二〇一八年度までの推移を見ていくことにする。（図3）のように、東川町の特別交付税は、全国町村平均や北海道町村平均の推移と異なり、二〇一三年度以降急激に増加していることがわかる。二〇一八年度の特別交付税額は九億五、四二二万円と二〇一八年度の一般会計決算額の一割に達し、二〇〇七年度の一億七、六六〇万円の四四〇・三％増となっている。普通交付税の増加率を近年大きく凌駕しており、その結果、二〇一八年度には、東川町の地方交付税総額に占める特別交付税の割合が二六・四％となっている。

一二月の算式分、三月の算式分の内訳については、北海道市町村課作成の各年度の『特別交付税の一二月算定（市町村）に係る集計結果表』と『特別交付税の三月算定（市町村）に係る集計結果表』を見ればよい。これらを見るとその最大の要因は、留学生への支援事業であることがわかる。要望額は二〇一七年度が三億二、三四三万四、〇〇〇円で、二〇一八年度が三億二、五八一万二、〇〇〇円となって

図３　全国町村平均・北海道町村平均・東川町の特別交付税の推移

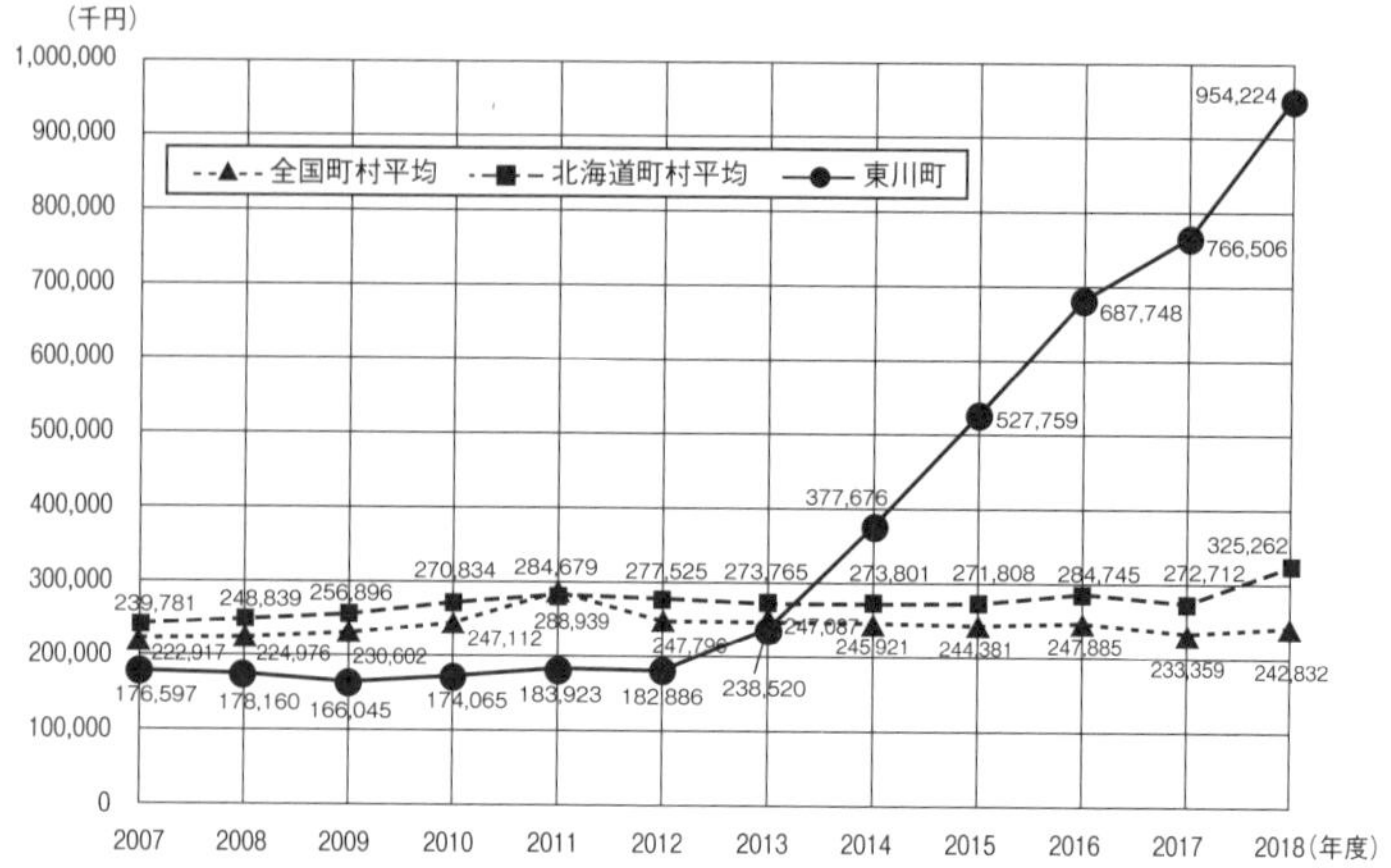


（注）１）当該期間、市町村合併や編入、町制から市制への移行等があるが、町村平均は2018年度の926町村を基準にして、過去の数字をすべて移行、修正して、全国町村平均、北海道町村平均を算出している。
（出所）総務省［各年度］『市町村決算状況調』（総務省自治財政局財政課提供資料）より筆者作成。

おり、一二月の算式分であるため、満額交付されている。二〇一二年度以降、特別交付税が七億七、〇〇〇万円ほど増加しているが、留学生への支援事業は、日本語学校が開校した二〇一五年度以降ということになるので、増加の四割以上の要因は、この留学生の支援事業ということになる。

もう一つの大きな要因が、地域おこし協力隊である。更なる地域の活性化のために、多くの地域おこし協力隊を町に招聘している。二〇一九年度はその数が四三人と全国の市町村で最も多い[48]。二〇一九年度の場合、この事業費一億七、二〇〇〇万円（四〇〇万円×四三名）全額が、特別交付税の三月の算式分（省令第五条第一項第三号イ項目）で措置される。二〇一七年度は一億一、〇三四万二、〇〇〇円、二〇一八年度は一億二、八二五万九、〇〇〇円が計上され、満額交付されている。数名から始まった事業であるため、増加の大きな要因となっているといえよう。

あとは、三月の算式分（省令第五条第一項第三号イ項目）で、二〇一七年度が七、七三八万六、〇〇〇円、二〇一八年度が一億三、二七一万九、〇〇〇円計上されている地域創生推進交付金（事業費の八割を特別交付税で措置）の活用や一二月の算式分（省令第三条第一項第三号ロ項目）で、二〇一七年度が二〇三万円、二〇一八年度が一、五二一万九、〇〇〇円計上されている文化財の保存等に要する経費が増加の要因として挙げられる。とりわけ後者を計上するために、町の誇る大雪山・家具デザイン・写真のアーカイブなど約一、五〇〇点を町指定の文化財に登録した。一点につき約一万円、特別交付税として措置される。なお、二〇二〇年度の地域おこし協力隊の招聘により、町の国勢調査人口は四三名増加となることにより、普通交付税が二〇万円×四三名＝八六〇万円増加することになることはいうまでもない。

## おわりに

これまで見てきた東川町の政策や取り組みは、国の補助金を上手く活用するだけでなく、事業に対する町内への経済効果はもちろん、将来的な税収効果や交付税収入効果まで考慮した、経済的、財政的に見ても魅力的なものばかりであったといえよう。しかも、それらが、ただ町の発展に寄与するだけでなく、持続可能性やサービスの充実感、町の一体感も感じられるように政策設計がなされ、結果的に町を好きになる、町を誇りに思うようになっていくところが妙である。地域の発展を継続させるために、このような新たな政策や取り組みを常に考え、頻繁に打ち出しているところや役場の職員が「営業する公務員」となって、全国を飛び回り、資金調達に奔走しているところは、他の市町村にはない、「東川町スタイル」ということができるだろう。

このような東川町の様々な優れた政策や取り組みを長野県内市町村が理解したとしても、それを模倣できるか、これらをもとにすぐに新たな政策や取り組みを立案し、実行できるかといわれれば、それは難しいであろう。それは、改革に対する意識、進取の精神が養われていないからである。

それらを養うためには、まずは東川町が実践しているように、国内外の自治体・企業等への職員の派遣や適材適所の人事異動を頻繁に行い、職員に刺激を与えることが必要であろう。その際に多方面に人的ネットワークを作らせること、そこから情報収集させることも忘れてはならない。東川町の様々な政策や取り組みは、これまで見てきたように必ずしも町役場の職員のアイデアばかりではないからである。これについては、松岡町長も「むしろ、新たな政策や取り組みのヒントは外部からもらっていることの方が多い。内部で考えるには限界がある」と述べている。(49)

次に重要なのは、東川町のように①予算がない、②前例がない、③他でやってない、ということは言ってはいけないということを実践することである。とりわけ問題なのは、①の予算がないということであろう。これをいわれてしまうと、思考は完全に停止してしまう。また、意欲も削がれてしまう。東川町のように、予算は財政課が補助金をうまく活用してなんとかするか、あるいは、国内外の企業を回り、事業や政策の内容を説明し理解してもらい、寄付金や協賛金、企業版ふるさと納税等で資金を調達することを考えるようにする必要があるだろう。すなわち、「営業する公務員」になるという発想が重要である。このために、人事異動を活用するのは当然のことである。改革はボトムアップ型より、トップダウン型の方が早いが、急激な改革は必ず歪を生む。財政課や企画推進課など改革の旗手となる部署をつくり、そこで少しずつ成功事例や成功体験を積み上げ、他へ波及させていくというのが現実的であろう。

最後に、これも東川町で実践されていることであるが、新たな事業や政策、取り組みは、私「が」

やったのではなく、常に私「も」やった、皆でやったという「Co」の考え方を浸透させることが重要であるという[50]。私「が」と手柄を独り占めしたのでは誰もついてこないし、その個人がいなくなれば、それでその事業や政策、取り組みは終わりになってしまう。持続可能性がないというのである。「Communication」、「Co-work：共同（協働）」、「Cooperation：協同」、「Collaboration：共同」、「Co」というものは、確かに必要な考え方である。

注

（1）本稿は、長野県立大学の二〇一八年度第二回公募型裁量経費（学長裁量経費）の採択を受けて、二〇一九年度三月三日から三月五日まで実施した「長野県内市町村の再生に向けての研究」事業に関わる東川町での実地調査とその後の資料の提供、解説等による成果である。実地調査及び資料の提供、解説等においては、松岡市郎町長、市川直樹副町長、企画総務課の菊地伸課長（当時）、高石大地財政室長（当時：現・東川スタイル課長）、小西亜実財政室長、東川スタイル課の平田章洋課長（当時）をはじめ、各課のご担当の皆様に、ご多忙の中、多大なるご協力とご支援をいただいた。この場を借りて改めて御礼申し上げる。また、本稿の執筆にあたっては、専修大学の町田俊彦名誉教授、地方自治総合研究所の飛田博史研究員にご助言をいただいた。二〇二〇年度日本地方自治学会研究大会での報告においては、討論者であった山梨大学の藤原真史准教授の他、当学会理事長の立命館大学の平岡和久教授にも多くの貴重なご意見を頂戴した。これらのご助言やご意見があって、本稿に至っている。記して厚く御礼を申し上げたい。

（2）人口は住民基本台帳、地方税収は決算の数値。総務省［各年度］『市町村決算状況調』。

（3）この間に市町村合併や編入、町制や市制への変更等が多々あったが、当該市町村については、二〇一六年度を基準に、過去の数値をすべて移行して比較している。

（4）金子勝［二〇一七］「第24回日本地方財政学会シンポジウムⅠ　人口減少時代の『地方創生』と地方における自治体の役割」『「地方創生」と地方における自治体の役割』日本地方財政学会研究叢書第24号、勁草書房、六頁。
（5）保田隆明［二〇一四］二六二頁
（6）保田隆明［二〇一四］二七一頁
（7）保田隆明［二〇一四］二七一頁
（8）写真文化都市「写真の町」東川町［二〇一六］九〇頁。
（9）写真文化都市「写真の町」東川町［二〇一六］九〇〜九一頁。
（10）写真文化都市「写真の町」東川町［二〇一六］九一頁。
（11）写真文化都市「写真の町」東川町［二〇一六］九二頁。
（12）写真文化都市「写真の町」東川町［二〇一六］一〇二頁。
（13）玉村雅敏他［二〇一六］八三〜八四頁。
（14）玉村雅敏他［二〇一六］八三頁。
（15）写真文化首都「写真の町」東川町［二〇二〇］一八頁。
（16）東川町税務定住課担当者へのヒアリング。
（17）写真文化首都「写真の町」東川町［二〇二〇］二七頁。
（18）『昭和60年度から平成23年度までの東川町転入者の転出元市町村』（東川町税務定住課提供資料）。
（19）『平成24年度以降年度毎転出入者数集計表』（東川町税務定住課提供資料）。
（20）写真文化首都「写真の町」東川町［二〇二〇］二八頁。
（21）写真文化都市「写真の町」東川町［二〇一六］二八頁。
（22）二〇〇八年には、「環境省の平成の名水百選にも選ばれた。」写真文化首都「写真の町」東川町［二〇二〇］

三六頁。
(23)写真文化都市「写真の町」東川町〔二〇一六〕二九頁。
(24)二〇一八年度まで、産業振興支援条例に基づいて土地・建物・償却資産にかかる固定資産税がいずれも軽減されていた。『大雪水資源保全センター担当者へのヒアリング』（東川町産業振興課提供資料）及び東川町企画総務課提供資料。
(25)東川町産業振興課提供資料。
(26)一年だけの取り組みで、費用として約五〇〇万円かかっている。東川町企画総務課財政室長へのヒアリング。
(27)写真文化都市「写真の町」東川町〔二〇一六〕四四頁。
(28)写真文化都市「写真の町」東川町〔二〇一六〕四五頁。
(29)『東川町産業振興課提供資料』。
(30)『ＪＡひがしかわ米穀担当者へのヒアリング』東川町産業振興課提供資料。
(31)写真文化首都「写真の町」東川町〔二〇二〇〕二〇頁。
(32)写真文化首都「写真の町」東川町〔二〇二〇〕四七頁。
(33)写真文化首都「写真の町」東川町〔二〇二〇〕六六頁。
(34)写真文化首都「写真の町」東川町〔二〇二〇〕六六頁。
(35)写真文化首都「写真の町」東川町〔二〇二〇〕六七頁。
(36)東川小学校教員へのヒアリング。
(37)写真文化首都「写真の町」東川町〔二〇二〇〕一一七頁。
(38)松岡町長へのヒアリング。
(39)もちろん、その背景には「東川町は教育環境が良いところ、韓国の学生にこの町で日本語を勉強させたい」という思いがあったようである。写真文化都市「写真の町」東川町〔二〇一六〕二〇四、二三〇頁。

(40) 写真文化都市「写真の町」東川町［二〇一六］二三一頁。
(41) 写真文化首都「写真の町」東川町［二〇二〇］九六頁。
(42) 条件を変えた四つの場合で算定した数値である。増加する者の年齢層等により、対象税目等の増加額が異なる。また、補正係数が異なるため、国勢調査人口が一人増加した場合の普通交付税の増加額は、自治体によって異なる。東川町企画総務課財政室長へのヒアリング。
(43) 成績や出身国の物価、為替状況等により支援割合や支援額が若干異なる。東川町企画総務課財政室長へのヒアリング。
(44) 北海道総合政策部地域行政局市町村課［二〇一九］『令和元年度特別交付税の一二月算定（市町村分）に係る集計結果表』（総務省自治財政局財政課提供資料）。
(45) 拙著［二〇二一］八三～九〇頁。
(46) 東川町総務課財政室長へのヒアリング。
(47) 二〇一八年度の場合、一七人×四七二万円＝八、〇二四万円となる。これを八、一一一人（測定単位の人口）×一、八三〇円（地域振興費の単位費用）＝一、四八四万三千円で除すると五・四〇六（密度補正Ⅲ）が算出される。五・四〇六は他の補正係数と合算され、最終的に測定単位と単位費用を乗じることになる。すなわち、五・四〇六×八、一一一人×一、八三〇円＝八、〇二四万一、九六一円だけ増加することになる。これは単純に人数に四七二万円を乗じた八、〇二四万円と概ね同額となる。総務省は、外国人青年招致に以前から力を入れており、毎年度これらが同額になるように制度設計していると考えられる。東川町［二〇一八］『平成三〇年度　普通交付税、地方特例交付金及び臨時財政対策債発行可能額算出資料（市町村分）北海道上川郡東川町』（東川町企画総務課提供資料）一七七、二〇〇頁。
(48) 朝日新聞社［二〇二〇］『朝日新聞（北海道版）一一月一七日朝刊』二六頁。
(49) 松岡町長へのヒアリング。

（50）松岡町長へのヒアリング。

**【参考文献】**


宇佐美喜明［二〇一五］「台湾で最も有名な日本の町、北海道東川町の国際交流の軌跡」『交流』第八八七巻、交流協会総務部。

金子勝［二〇一七］「第24回日本地方財政学会シンポジウムⅠ　人口減少時代の『地方創生』と地方における自治体の役割」『「地方創生」と地方における自治体の役割』日本地方財政学会研究叢書第24号、勁草書房。

写真文化首都「写真の町」東川町［二〇二〇］『東川町史　第3巻』写真文化都市「写真の町」東川町。

写真文化都市「写真の町」東川町［二〇一六］『東川町ものがたり―町の「人」があなたを魅了する―』新評論。

拙著［二〇二一］「市町村に対する特別交付税の手続き・配分方法とその運用実態について」『自治総研』第五〇七号。

玉村雅敏他［二〇一六］『東川スタイル　人口八〇〇〇人のまちが共創する未来の価値基準』産学社。

東川町史編纂委員会編［一九五七］『東川町史　第1巻』東川町。

東川町史編纂委員会編［一九九五］『東川町史　第2巻』東川町。

増田善之［二〇一六］「『外国人を呼び込む』新たな日本語教育事業～写真文化都市『写真の町』東川町～」『国際文化研究』全国市町村国際文化研究所。

保田隆明［二〇一四］『地方自治体のふるさと納税を通じたクラウドファンディングの成功要因―北海道東川町のケース分析―』


（なかむら　としひこ・財政学、地方財政論）

# 2　自治体におけるパブリックコメントの積極的運用と首長の政治姿勢

吉岡久恵
（京都橘大学大学院）

## はじめに

日本において、パブリックコメント制度が整えられたのは、一九九九年に閣議決定がなされた「規制の設定又は改廃に係る意見提出手続」と、二〇〇五年の行政手続法改正とによってである。行政手続法は行政運営における公正の確保と透明性の向上を図ることを目的とし、一九九三年に制定された。二〇〇五年の行政手続法法改正では、手続きの対象範囲が「処分、行政指導および届け出」から「命令等」が加えられることで拡大されたほか、意見公募手続（パブリックコメント）も法制化された。(1)

パブリックコメントは、国の制度制定以降、自治体にも広がり、二〇一七年時点では、都道府県の九七％、政令指定都市及び、中核市のすべてがパブリックコメント制度を有している。(2)

自治体におけるパブリックコメント制度の研究は、本制度の導入前後には比較的多く存在し、民主主義的参加手続の発展としての検討を行った豊島明子の研究や、(3)提出意見が原案に与える影響力を調査した金谷健・増田哲児の論文がある。(4)制度の定着後の研究はイギリスの制度（コンサルテーション）との比較研究を行った藤原昌史の業績[5]などがあるが、自治体ごとの運用についての特徴を明らかにした研究はほとんどない。

筆者はこれまで自治体のパブリックコメントがなぜ形骸化するのかについてとその改善方法について、公共選択論の視点や海外の制度との比較から検討を行ってきた[6]。本研究では自治体のパブリックコメント制度の運用について実態を把握するため、自治体ごとの意見数に注目した。

本稿ではまず総務省が行った二回の調査結果[7]から運用の実態を把握した上で、パブリックコメントを実施した際に、意見数が多く集まる自治体について、その要因を主として首長の政治姿勢という視点から検討するとともに、パブリックコメント制度を活かす共通点と違いについて分析し、今後のパブリックコメント制度の運用についての課題を明らかにするものである。

## 一　自治体におけるパブリックコメント制度の運用状況

ほとんどの自治体で導入が進められているパブリックコメント制度だが、提出された意見数からはあまり活用されていない現状がみてとれる。総務省が行った調査では、自治体の一案件あたりの意見数については、年間平均で二〇一三年度が一八件、二〇一六年度は一五件という結果となっており、積極的に活用されているとは言い難い。

(表1)、(表2)は二〇一三年度、二〇一六年度の年間での一案件あたりの意見数が五〇件以上の自治体を表に示したものである。これら総務省による二回の調査結果からは、一案件あたりの意見数が、相対的に多かった自治体として、尼崎市、京都市、豊田市、名古屋市の四団体が存在することが分かる。

一般的にパブリックコメントの意見数が増えるのは、利害が鋭く対立する原案が実施機関から提示

表1　2013年度　案件数あたりの意見数が50以上の団体（政令市・中核市・特例市）

| 団体名 | 案件数 | 意見数 | 1案件あたりの意見数 |
|---|---|---|---|
| 茨木市 | 5 | 2023 | 405 |
| 東大阪市 | 8 | 2550 | 319 |
| 豊田市 | 2 | 505 | 253 |
| 京都市 | 34 | 8065 | 237 |
| 福岡市 | 14 | 2638 | 188 |
| 札幌市 | 17 | 1507 | 89 |
| さいたま市 | 28 | 2170 | 78 |
| 名古屋市 | 11 | 846 | 77 |
| 長野市 | 2 | 145 | 73 |
| 北九州市 | 13 | 906 | 70 |
| 浜松市 | 12 | 794 | 66 |
| 鳥取市 | 5 | 305 | 61 |
| 旭川市 | 10 | 584 | 58 |
| 茅ヶ崎市 | 10 | 556 | 56 |
| 尼崎市 | 9 | 496 | 55 |
| 仙台市 | 11 | 563 | 51 |
| 福井市 | 6 | 307 | 51 |

（出所）「意見公募手続制度の制定状況に関する調査結果」
総務省自治行政局行政経営支援室
2015年3月発行

表2　2016年度　案件数あたりの意見数が50以上の団体（政令市・中核市・特例市）

| 団体名 | 案件数 | 意見数 | 1案件あたりの意見数 |
|---|---|---|---|
| 京都市 | 25 | 9585 | 383 |
| 豊田市 | 7 | 2086 | 298 |
| 久留米市 | 7 | 1577 | 225 |
| 名古屋市 | 20 | 2295 | 115 |
| 横須賀市 | 14 | 1352 | 97 |
| 一宮市 | 10 | 903 | 90 |
| 鹿児島市 | 20 | 1573 | 79 |
| 前橋市 | 6 | 463 | 77 |
| 尼崎市 | 24 | 1578 | 66 |
| 静岡市 | 62 | 3766 | 61 |
| 春日部市 | 7 | 414 | 59 |
| 伊勢崎市 | 12 | 682 | 57 |
| 寝屋川市 | 3 | 168 | 56 |
| 枚方市 | 10 | 532 | 53 |

（出所）「意見公募手続制度の制定状況に関する調査結果」
総務省自治行政局行政経営支援室
2018年3月発行

された場合である。近年注目された例としては、香川県での「ネット・ゲーム依存症対策条例」に二六〇〇人以上から意見が寄せられたことが挙げられる。家庭内での子どものネットやゲーム利用に際して時間制限を求めるこの条例は、利害関係者にあたるエンターテーメント業界からの関心だけでなく、制定後に自己決定権の観点から香川県弁護士会から声明[8]が出されるなど、香川県内外の多くの人びとから注目される内容であった。

このように、意見数の多寡が原案の内容のみに影響を受けるのであれば、（表1）（表2）で示したような自治体ごとの固定的な差は出ないはずである。このことからは、特定の自治体に意見が多く集まる要因について、原案の内容以外についても検討する必要があるといえるだろう。

本稿では連続して一案件あたりの意見数が多い自治体の中から、尼崎市、京都市、名古屋市の三都市[9]に注目し、その要因を主として首長の政治姿勢から検討していくものである。

ここで国と自治体のパブリックコメントの制度の違いについても整理しておきたい。国の行政手続法の改正を機に多くの自治体が有することとなったパブリックコメント制度だが、国と自治体の制度について は、目的と意思決定の範囲において違いがあることが先行研究によって言及されてきた。[10]豊島によれば、国におけるパブリックコメントの目的は、その導入が規制緩和や行政改革を背景にしていたことから「意思形成過程における考慮事項（＝意見・情報・専門的知識）をできる限り豊富化するという発想に立脚した手続」[11]であるのに対して、自治体の場合は「住民からの意見を広く求めるとともに意思決定に際しそれらを考慮するという、民主主義的参加手続としての目的」を国よりも「強調した手続」となっているという。[12]さらに豊島は、手続の対象が国では政令、省令等と行政立法に限定されているのに対して、自治体では長期計画や条例案作成のための参加手続まで対象が広げられているものがほとんどであることを指摘している。[13]

それら国と自治体の違いを考慮すると、自治体のパブリックコメントは規制に対する利害関係者の調整という行政手続法上での目的や対象だけでなく、立法過程における民主主義の補完機能を国よりも広く担っていると捉えることができよう。したがって、国に比べ自治体のパブリックコメント制度は、住民と地方政治との関わりという面からも検討する余地があるといえるだろう。

## 二　尼崎市の「市民意見聴取プロセス」制度

### 1　尼崎市の案件数と意見数

総務省が発表した調査結果によれば、尼崎市のパブリックコメントは、二〇一三年度が案件数九件で意見数は四九六件であり、一案件あたりの意見数は五五件である（表1）。二〇一六年度については案件数が二四件で、意見数が一五七八件となっており、一案件あたりの意見数は六六件となっている（表2）。このように尼崎市では全国の平均より意見が多く集まる傾向がみられる。

### 2　制度の特徴

次に尼崎市の制度についてみていきたい。尼崎市では、二〇一二年に従来のパブリックコメント制度を「市民意見聴取プロセス」制度[14]へと変更する改革を行っている。この制度では、政策立案のプロセスで複数回の住民意見を聴取する機会を設けているのが特徴である。原案作成前に現状、課題、考え方、策定までのスケジュールを公表し、早い段階での市民意向調査（市民説明会やアンケート）を実施したのちに、パブリックコメント手続を行っている。さらには、市が複数案を提示し、住民が選ぶことも可能である。

実際の運用にあたっては、「市民意見聴取プロセス」への住民参加の機会は原案の内容ごとに選択されている。例えば「(仮称) 尼崎市自治のまちづくり条例」は、タウンミーティングや市民懇話会など複数回の住民の参加機会が設けられていたが、「第10次尼崎市交通安全計画（素案）」をみると、パブ

表3　2013年度　尼崎市市民意見聴取プロセス
主な案件と意見数

| 案件名 | 意見数 |
|---|---|
| 子ども・子育て支援制度関係事業（各種施設等の許可基準及び確認基準（素案）の策定について） | 181 |
| 平成26年度主要取組項目（素案） | 121 |
| 総合センターの今後のあり方について（素案） | 113 |
| 緑の基本計画改定事業 | 14 |
| 屋外広告物の許可基準の改正（素案） | 1 |

（出所）尼崎市ホームページより筆者作成。

リックコメントを含む意見募集が二回行われたのみで、住民の参加機会には案件ごとに差が出ている。（表3）は二〇一三年度に尼崎市が実施した「市民意見聴取プロセス」について、意見数の多い順に示した表である。二〇一三年度については一〇〇件以上意見の集まった案件が三件ある。

　これらの意見募集結果[15]について、個別の内容を詳しくみていきたい。最も意見の多かった「子ども・子育て支援制度関係事業（各種施設等の許可基準及び確認基準（素案）の策定について）」は、意見数が一八一件という結果となっている。子育てや教育に関する意見募集には、他の自治体のパブリックコメントでも比較的意見が多く集まる傾向が見受けられるため別の視点での分析が必要になる。また、「平成二六年度主要取組項目（素案）」一二一件の内容をみていくと、朝鮮人学校への補助金に意見が集中している。

　さらに「総合センターの今後のあり方について（素案）」の一一三件では、同和施設と青少年センター・老人福祉センターとの統廃合案及び、指定管理者制度の導入についての項目に意見が多く集まっている。

　次に、二〇一六年度の「市民意見聴取プロセス」の結果[16]についてもみていきたい。（表4）は、（表3）と同様に「市民意見聴取プロセス」について、主な案件を意見数の多い順にまとめた表である。まず、最も意見の多かった「第1次尼崎市公共施設マネジメント計画（方針1：圧縮と再編の取組）（素案）について」では七七一件の意見が集まっている。この意見募集の結果を詳しく読むと、公立施設の閉鎖についての項目に意見が多く集まっているのが分かる。続いて「第4次保育環境改善及び民間移管計画」では、四六九件の意見が集まっており、ここでは公立保育所の削減についての意見が集中している。さらに「（仮称）尼崎市公共調達基本条例の策定について」は、二五七件もの意見が提出されており、なかでも事業者の労務管理への懸念についての多くの意見が集まる結果となっている。これらの結果からは、尼崎市の「市民意見聴取プロセス」では、保育に関わるもの、人権に関わるもの、公共サービスの削減に関わるもの等に意見が多く集まっていることから、比較的利害関係が発生しやすい内容に意見が多く集まる傾向があることが分かる。このような原案の内容に対して意見が集まりやすい傾向は尼崎市に限ったこととはいえないが、特に注目を集める案件だけでなく、年間で複数回行われる意見募集の案件に一定数の意見が集まるのは、尼崎市の傾向とみてもよいだろう。

**表4　2016年度　尼崎市市民意見聴取プロセス主な案件と意見数**

| 案件名 | 意見数 |
|---|---|
| 第1次尼崎市公共施設マネジメント計画（方針1：圧縮と再編の取組）（素案）について | 771 |
| 第4次　保育環境改善及び民間移管計画の策定について | 469 |
| （仮称）尼崎市公共調達基本条例の策定について | 257 |
| 尼崎市自治のまちづくり条例案作成について | 219 |
| 第10次尼崎市交通安全計画（素案）について | 0 |

（出所）尼崎市ホームページより筆者作成。

一方で利害関係が起こりにくい内容であっても先述した「（仮称）尼崎市自治のまちづくり条例」のように、市民説明会やタウンミーティングを複数回行った案件で意見が多く集まっている場合も見受けられた。こういった傾向は尼崎市独自の取り組みである「市民意見聴取プロセス」制度への改革の成果として捉えることが可能だろう。

### 3　首長と制度改革

この尼崎市独自の取り組みである「市民意見聴取プロセス」制度は、稲村和美市長が一期目の選挙の公約の一つとしていた改革である。稲村市長は一期目の公約で「重要な政策決定について、複数案の提示とその際にメリット・デメリット、論点を明らかにする」[17]としており、「市民意見聴取プロセス」は、この公約に対応した取り組みになっている。二〇一〇年に兵庫県議会議員を経て尼崎市長となった稲村市長は、阪神・淡路大震災でのボランティア活動が政治家となった原点であると語っており[18]、自治基本条例の制定に力を入れるなど住民自治の取り組みを重点的に行なった首長である。首長の政策プロセスの透明性を高める取り組みへの関心が「市民意見聴取プロセス」制度にも表れているといっていいだろう。

なお、稲村市長が就任以前である二〇〇九年度の尼崎市のパブリックコメント結果[19]をみると、案件数が一三件で意見数が一三一件であり、一案件あたりの意見数は一〇件という結果であった。稲村市長の就任以前と以後を比較することで、稲村市長が進めた政策策定の過程を可視化する改革が、意見数という面からみて、一定の成果を上げていると評価できるだろう。

## 三　京都市の対話型パブリックコメント

### 1　京都市の案件数と意見数

つぎに京都市におけるパブリックコメントの運用状況についてもみていきたい。（表1）で示したように京都市の二〇一三年度のパブリックコメント結果は案件数が三四件で意見数の合計が八〇六五件であり、一案件あたりの意見数は二三七件である。二〇一六年度についてもみていくと、案件数が二五件で、意見数が九五八五件となっており、一案件あたりの意見数は三八三件となっている（表2）。パブリックコメントの実施件数が多く、さらに一案件あたりの意見数も全国平均の一〇倍以上という結果になっている。

（表5）は、京都市が二〇一三年度に実施したパブリックコメント結果の内容を意見の多い順に表したものである。二〇一三年度に特に多くの意見が集まった案件については、「京都市美術館将来構想（中間まとめ）の七三六件[20]や「養老乗車証制度の今後の在り方に関する基本方針（案）」の六五二件[21]などが挙げられる。前者については、明治期に建設された京都市美術館は歴史的建造物として住民から関心が高く、その改修に期待を込めた意見が多くみられた。また、後者の市バスの敬老乗車証制度については、負担方法の変更に多くの意見が集まっている。「少子・高齢化」を背景に世代間の利害対立が起こりやすい内容だったといえるだろう。ここで注目すべきは二〇一三年度に実施した二五件のパブ

**表5　2013年度　京都市パブリックコメント主な案件と意見数**

| 案件名 | 意見数 |
|---|---|
| 「京都市美術館将来構想（中間まとめ）」に係る市民意見募集について | 736 |
| 敬老乗車証制度の今後の在り方に関する基本方針（案） | 652 |
| 京都市中高層条例施行規則の改正に関する市民意見募集の結果について | 165 |
| 「京都市介護保険法に基づく事業及び施設の人員、設備及び運営の基準等に関する条例」の一部改正に関する市民意見募集の実施について | 7 |

（出所）京都市ホームページより筆者作成

**表6　2016年度　京都市パブリックコメント主な案件と意見数**

| 案件名 | 意見数 |
|---|---|
| 京都市立「新しい普通科系高校」創設に向けた市民意見募集について | 1781 |
| 「京都市空き家等対策計画（素案）」に関する市民意見の募集 | 829 |
| 自転車向け保険加入の義務化案に関する市民意見の募集結果について | 206 |
| 京都市商業集積ガイドライン見直しに関する市民意見募集について | 46 |

（出所）京都市ホームページより筆者作成。

リックコメントのうち意見数が五〇件以下だったものが、二件のみだったという点である。同様の視点で、（表6）に示した二〇一六年度の結果をみていくと、突出して意見が集まっている案件として「「京都市空き家対策計画（素案）」に関する市民意見の募集」の八二九件と、「京都市立「新しい普通科系高校」創設に向けた市民意見の募集について」の一七八一件が挙げられる。空き家対策では、活用・流通の促進に意見が集まっていることや、二〇～四〇代の意見数が多いことから事業としての活用を視野に入れている層からの関心が高かったことがうかがえる。また、「普通科系高校の創設」については、子育て政策と同じく教育に関する内容だったため意見が集まりやすかったと考えていいだろう。二〇一六年度も二〇一三年度と同様に、五〇件以下だった案件は二件のみになる。

(22) (23)

このような傾向から京都市においては他都市に比べて原案の内容に関わらず、意見が集まらない案件が少ないのが特徴といえる。実施する案件数が多いことを考慮すると、行政がパブリックコメントを積極的に活用する姿勢がみられるといってよいだろう。

## 2 対話型の取り組みとその特徴

京都市の主体的な取り組みについてもみていきたい。京都市ではパブリックコメントを住民参加に活かす取り組みとして「対話型パブリックコメント」が、行政と市民団体（パブリックコメント普及協会(24)）との協力により実施されている。対話型パブリックコメントとは、通常のホームページ等で住民に原案を提示して意見募集を行うパブリックコメントに加えて、対面でのコミュニケーションを取り入れたものである。対話型パブリックコメントの実施方法は原案の内容によってバリエーションがあるが、代表的なものでは不特定多数へのアプローチが挙げられる。市民団体のスタッフや行政職員がショッピングモールや市の主催するイベント会場でブースを設け、その場所を通りかかった住民に声をかけ、意見募集中の原案の説明をし、その場で意見を提出することを促す取り組みである。

京都市とパブリックコメント普及協会との協力による対話型パブリックコメントは、二〇一五年から本格的に行われており、二〇一六年は、六件[25]のパブリックコメントが対話型を取り入れた方法で実施された。いずれの原案も利害対立が起こりにくい内容である上に、住民の生活実感からは関心が向きにくい案件であると考えられるのが、相対的に多くの意見がよせられた。

3　住民参加と首長の影響

京都市の門川大作市長は二〇〇八年からその職につき、就任当初から住民参加の取り組みに力を入れていた。枠組みとしては、桝本前市長時代の二〇〇三年に制定した「京都市市民参加推進条例」[26]がその基礎になっている。門川市長が住民参加として進めた最も代表的な政策は、五期にわたって行われた公募型の多人数参加制度「京都市未来まちづくり一〇〇人委員会」[27]だろう。

また、二〇〇九年には「第二期（二〇一一〜二〇二〇年度）京都市基本計画」の策定作業が始まり、「京都市基本計画審議会」が設置された。この審議会と並行して設置されたのが、審議会の若者版である「未来の担い手・若者会議U35」[28]である。この「未来の担い手・若者会議U35」は討議型をさらに進めた「行動する」審議会であり、「第二期（二〇一一〜二〇二〇年度）京都市基本計画」の策定過程でワークライフバランスを重点に置いた政策提案やパブリックコメント実施の支援などを行った。さらに審議会の解散後はメンバーの一部により、パブリックコメント支援のノウハウを引き継ぎ、対話型パブリックコメントを行うための市民団体が設立された。

門川市長が主導した住民参加の取り組みがきっかけとなり、市民活動が生まれ、より広範な参加を促すことが、パブリックコメントの意見数にも影響を与えているといっていいだろう。

また、門川市長が就任後すぐに打ち出した住民参加を市政の中心におくという方針は京都市の職員や住民だけでなく、京都市の議会にも影響を与えている。なかでも数字として成果が見えやすいパブリックコメントの意見数は、議会での関心が高くなる傾向があり、議会への説明が必要という面からも行政職員がパブリックコメントを積極的に活用する動機の一つになっている。[29]

## 四　名古屋市の政策別傾向

### 1　名古屋市の案件数と意見数

首長の姿勢がパブリックコメントの数に影響を与えている三つ目の事例として、名古屋市を取り上げたい。名古屋市のパブリックコメントは「名古屋市パブリックコメント制度要綱」によって二〇〇二年に制度化された。名古屋市の場合は尼崎市のような制度的な特徴や、京都市のような運用上の工夫は特には見られない。

総務省の調査からみた名古屋市のパブリックコメントの運用状況については、二〇一三年度は案件数が一一件で意見数の合計が八四六件であり、一案件あたりの意見数は七七件である（表1）。二〇一六年度については案件数が二〇件で、意見数が二二九五件となっており、一案件あたりの意見数は一一五件となっている（表2）。意見数については、二〇一三年度が比較的多く、二〇一六年度は平均一〇〇件以上とかなり多くなっている。

内容を詳しくみていくと、二〇一三年度[30]については、「「歴史の里」基本計画」が三一七件と、「世界の金シャチ横丁（仮称）基本構想」二〇六件とが突出しているが、意見数が一〇件以下の案件も三件ある。一方、二〇一六年度[31]については「名古屋市立幼稚園の今後のあり方に関する基本方針（案）」一四四四件が一〇〇〇件以上の意見を集めており、次に意見数の多い「名古屋魅力向上・発信戦略（案）」が一四三件と一〇〇件以上の意見を集めている。それら以外の原案については、意見数一〇件～一〇〇件の案件が七件、一〇件～一件の案件が七件、〇件の案件が一件と原案によって意見数にかなりのばらつきがあるのが分かる結果となっている。

**表7　2013年度　名古屋市パブリックコメント主な案件と意見数**

| 案件名 | 意見数 |
|---|---|
| 「歴史の里」基本計画 | 317 |
| 世界の金シャチ横丁（仮称）基本構想 | 206 |
| 新なごや人権施策推進プラン（改訂版） | 18 |
| 第2次名古屋市債権管理計画 | 0 |

（出所）名古屋市ホームページより筆者作成。

**表8　2016年度　名古屋市パブリックコメント主な案件と意見数**

| 案件名 | 意見数 |
|---|---|
| 名古屋市立幼稚園の今後のあり方に関する基本方針（案） | 1444 |
| 名古屋魅力向上・発信戦略（案） | 143 |
| 自転車安全利用促進施策の基本的な考え方（案） | 31 |
| 名古屋市建築物耐震改修促進計画（案） | 3 |

（出所）名古屋市ホームページより筆者作成。

## 2　意見数が集中した案件とその特徴

（表7）、（表8）で示しているとおり、名古屋市で特徴的なのは、しだみ古墳群を中心とした「歴史の里」[32]や、名古屋城周辺に設けられた商業スペース「金シャチ横丁」[33]など歴史をテーマとした開発事業に、意見数が多く集まっている点である。二〇一六年度の「名古屋魅力向上・発信戦略（案）」[34]には、デスティネーション（目的地）づくりとして、二〇一三年度に構想が作られた「金シャチ横丁」も位置付けられており、名古屋城の整備に期待する意見が多く集まっている。

「名古屋市立幼稚園の今後のあり方に関する基本方針（案）」については、尼崎市や京都市の事例でも述べたとおり、他の自治体でも意見が多く集まる傾向のある育児・教育に関わる案件であるためここでは深く言及はしない。名古屋市でのパブリックコメントに集まった意見の内容からは、福祉や権利の保護といった利害が対立しやすい案件への関心だけでなく、シビックプライドの醸成や歴史に関心が向く傾向がみられる。

### 3　首長の重点政策と意見数

名古屋市の河村たかし市長は第二期マニュフェスト[35]の「成長戦略」の項目で、一番目に名古屋城木造天守閣の復元着手を挙げ、二番目に「世界の金シャチ横丁」の整備を挙げており、名古屋城の再整備を優先事項の高い政策として示している。

金シャチ横丁[36]の整備についての政策プロセスでは、その考え方を住民へ情報発信する「名古屋城プレミアムステージトーク」が二〇一五年一月二六日のパブリックコメント実施中に行われ、俳優の竹下景子氏らがトークセッションを行っている。これらの人が集まるイベントを開催することが意見数に影響を与えていることは十分に考えられるだろう。

このことからは、名古屋市では河村たかし市長の発信力によって、市長が推進したい政策に関して、注目を集める広報やイベント[37]が行われ、それらのPR効果がパブリックコメントの意見数にも反映されていると考えることが可能になるだろう。

## 五　三都市の取り組みとその検討

ここまで、首長の方針がパブリックコメントの運用に影響を与えた例として、三つの自治体についてみてきた。ここからは、これら三都市の取り組みがこれまでのパブリックコメントでの制度面、運用面で問題とされてきたことに対してどのような改善の方向が示せるかについて検討していきたい。

### 1　尼崎市「市民意見聴取プロセス」の検討

尼崎市のパブリックコメント制度から「市民意見聴取プロセス」制度への変更は、パブリックコメントの制度的な限界を超えるための工夫として、いくつかの点が挙げられる。

一般的にパブリックコメント制度は、行政と住民との間での一回半の双方向性の意見・情報交換という特徴を持つ(38)。一回半の双方向性とは、行政が原案を提示し、住民が意見・情報を提出するまでが一回目の交換であり、行政が文書で意見とそれに対する考え方を、住民に返答するのが二回目の交換であるが、ここでのコミュニケーションは半分で終わり、住民はこれ以降リアクションすることができないことを指す。

この問題に対して、「市民意見聴取プロセス」ではパブリックコメントに先立って、市民意向調査を行い、政策の内容によってはタウンミーティングなどの討議型の参加機会を組み合わせることで、行政と住民との間での意見・情報の交換が複数回可能な制度改革を行っている。

また、従来のパブリックコメント制度の問題として、対象が「検討の最終段階の原案」であることから、「実施時期の柔軟性」について改善すべき事項として言及されてきた(39)。

多くの場合、パブリックコメントが行われる時点では、政策がすでに出来上がっているため、変更の余地がほとんど残されていないことで、住民が意見を提出した場合も反映されにくく、さらには意見を書いた住民からは、「意見を提出する労力に見合わない仕組み」という評価を受けることになっている。これら過程が見えにくいという問題について、「市民意見聴取プロセス」は複数回の意見募集や複数案の提示等により制度自体の改革で改善の方向を目指しているといってよいだろう。

## 2　対話型パブリックコメントの検討

京都市については、門川大作市長が積極的に進めた住民参加の取り組みがきっかけとなり、パブリックコメントを支援する市民団体が生まれることで、市民団体が制度の運用に関与することになった特殊な事例といえよう。京都市のパブリックコメントについては、案件の内容に関わらず、意見数が〇件から一〇件の案件が極端に少ないのが特徴である。このことからは、市民団体が関与しない案件についても、担当部署が意見を集めるための努力をしていることがうかがえる。京都市の場合は、尼崎市の制度上の改善とは違い、担当者の工夫と住民との協働が成果を生み出しているといえよう。

制度的な視点から補足をすると、「京都市市民参加推進条例施行規則」には、パブリックコメント手続に関する事項で、「意見の募集方法」として、「その他市長等が必要と認める方法」と記載されている。この記載により「対話型パブリックコメント」の運用が可能となっているといえる。

二〇一九年度には、京都市と「対話型パブリックコメント」を実施するパブリックコメント普及協会は協力協定を結び、パートナーシップはさらに深化している。京都市のようにパブリックコメントを支援する市民団体が生まれることは特殊な事例であり、他の自治体が同様の取り組みを形式化し、定着させることは困難であるかもしれない。しかしながら、近年、「対話型パブリックコメント」を市職員だけで実施するケース(40)も見られるようになっている。このように職員が直接実施するかたちであれば形式化することも可能になるといえるだろう。

一方、これらの門川市長進めた住民参加の取り組みが、全ての住民に肯定的に受け止められているかについては疑問も残る。対話型パブリックコメントについて、コミュニティ雑誌に「市の職員が市民と直接対話して市民の意見を聞き取る」ことは、「職員による意見の誘導が行われる可能性がある」という中島晃弁護士による批判記事(41)が掲載された。この記事では、「対話型パブリックコメント」がどのように行われているのかの詳細が発表されておらず、意見の取り扱いの公平性に問題があると指摘している。

いずれにしても「対話型パブリックコメント」の今後の課題として、意見聴取がどのように行われ、提出された意見がどう扱われ、発表されているかについて、意見を提出しなかった住民にも説明可能な透明性を高める取り組みが必要とされるだろう。

総じて、尼崎市と京都市の事例は、首長が住民参加制度の推進を重点的政策にすることで、行政運営に影響を与え、首長の意思を踏まえた制度変更や活動がパブリックコメントの意見数に反映されうることを示しているといえるだろう。

### 3　ポピュリズムの影響と検討

一方、名古屋市のケース(42)は別の視点での評価が必要になるだろう。河村たかし市長は減税を政策目標にする姿勢などから、その政治姿勢はしばしばポピュリズムと評される。榊原秀訓は「ポピュリズム首長は、コントロール可能な限りで参加制度を積極的に活用していると考えられる。(43)」と言及している。河村たかし市長が意識的にパブリックコメント制度の運用をコントロールしているかは定かでないが、河村市長が重点的に進めようとする政策については、大々的なアピールがなされ、意見募集期間中に有名人の講演会が行われていることなどが支持者の政策への関心を喚起していることが考えられる。

ただし、名古屋市については河村市長就任以前である「名古屋市パブリックコメント制度要綱」が制定された二〇〇二年度からすでに意見数が多かったという事実もある。二〇〇二年度に実施されたパブリックコメントの意見数の合計が三二五二件で一案件あたりの意見数は五四二件(44)と、全国平均と比べてかなり意見数の多い結果となっている。この結果からみれば意見が多い要因が首長の影響だけとは言い難い。

しかしながら、政策別という観点でパブリックコメントの結果をみていくと河村市長就任以前の二〇〇六年度に実施された名古屋城周辺整備の計画の一貫である「特別史跡名古屋城跡全体整備計画(案)(45)」の意見数は四九件と名古屋市のパブコメの中では多いとはいえない結果となっている。

以上のように名古屋市のパブリックコメントの意見数が多く集まる要因については、首長の影響を注視しつつも別の様々な要因についても引き続き検討する必要があるといえる。

## まとめ

本稿では、これまで首長の政治姿勢がパブリックコメントに与える影響について明らかにしてきた。最後に任期のある首長が行政の住民参加制度の変更に積極的に取り組むことが決して良い結果だけを生まないことは指摘しておきたい。例えば、尼崎市の稲村市長が公約として取り組んだ「市民意見プロセス」制度に対して、別の主張を持つ次期市長が選挙で選ばれれば、稲村市政との違いを強調するために、住民参加制度に対して変更を加える可能性が考えられる。京都市の門川市長が行ったさまざまな住民参加の活用についても、同様のことがいえるだろう。制度としての継続性、安定性を考慮すれば、行政への住民参加が過度に政治の影響を受けない制度として継続することが、持続する上での課題といえよう。

また、パブリックコメントで集まった意見の処理方法という点でも首長の影響には留意すべき点がある。パブリックコメントで集められた意見の原案への影響について、金谷健・増田哲児は、滋賀県で行われたパブリックコメントの結果を分析し、項目によって意見数の差が大きく出ていても、項目別の意見数の多寡は計画の変更に影響を与えない(46)とする結論を導いている。一方で豊島明子は「恣意性をはさむ余地のない仕組みを用いることによって、提出された意見を公平かつ公正に検討する方法」の検討を怠れば、「首長の推進する基本的政策に関する最も効率的な合意調達手段」になりかねないと指摘している(47)。

本来の行政手続法の目的からすれば、金谷・増田の研究結果のとおり住民の一意見は考慮の対象となる一部にすぎず、利害対立が起こりやすいひとつの項目に意見が集中したとしても、計画の変更は意見数の多寡に影響を受けないことになる。しかし、これまでみてきたように首長の積極性が意見数に与える影響を考慮すれば、豊島の懸念のとおり、意見数という分かりやすい結果で首長が合意を調達できたかのように見せることが可能になるといえるだろう。本稿で取り上げた三つの都市については、いずれの都市でも透明性の高い意見の処理方法が検討されるべきといえるだろう。

まず、京都市については、第五章で述べたようにすでに「対話型パブリックコメント」の運用について、意見の「恣意的な誘導」がなれている可能性が中島晃弁護士によって指摘されている。今後の意見の提出方法と提出後の意見の取り扱いについては、透明性についての改善の検討が急がれるところである。次に、名古屋市については、第四章で述べたとおり、河村市長が推進する政策は意見数が多い傾向がある。この傾向からみれば「効率的な合意調達手段」になりかねないという豊島の懸念に最も近い事例であるといえよう。指摘に照らしても注視していく必要がある。さらに、一見、透明性と公正さの確保を目指した運営を行う尼崎市でも、稲村市長が公約で掲げた「(仮称)尼崎市自治のまちづくり条例」については、他の案件に比べてタウンミーティングなどの意見聴取を手厚く行っている事実がある。政策プロセスを手厚くすることで、住民に対して首長が特に進めたい政策をアピールする機会を増やし、それらの取り組みがパブリックコメントへの意見数の増加へとつながり、可視化しやすい指標としての意見数が首長の進めたい政策を後押ししたと仮定すれば、名古屋市と同様に首長にとって「効率的な合意調達」でなかったとは言い切れないだろう。

もっとも、多くの自治体でパブリックコメント制度が導入されて一〇年以上が経過したが、提出された意見の公平・公正な取り扱いについての仕組みを取り入れている自治体はごくわずかである。(48) 今回取り上げた三つの自治体についても、意見の処理方法を検討した形跡はほとんどみられなかった。自治体のパブリックコメントの目的を住民の政策プロセスへの参加とするならば、意見数が増えること自体が目的に沿った結果といえる。しかし、首長のパブリックコメントの運用への影響が大きくなれば、パブリックコメント全般の課題として残されている集まった意見の処理方法が、これまで以上に改善すべき事項として強調されることになるだろう。

今後、自治体がパブリックコメント制度の積極的活用を進めるにあたって、住民からみた参加しやすさの改善とともに、行政手続としての透明性、公平性の確保とその改善についても意識することがさらに重要になるといえよう。

## 注

（1）宇賀克也（二〇〇六）『改正行政手続法とパブリック・コメント』、第一法規、一―一〇頁を参照した。
（2）総務省自治行政局行政経営支援室（二〇一八）「意見公募手続制度の制定状況に関する調査結果」を参照した。
（3）豊島明子（二〇〇三）「パブリック・コメントの意義と課題」、室井力編著『住民参加のシステム改革』日本評論社、一七四―一九七頁。
（4）金谷健・増田哲児（二〇〇五）「都道府県におけるパブリックコメントの実施状況と意見が素案に与える影響例」、『環境システム研究論文集』三三号、四四一―四五一頁。
（5）藤原真史（二〇〇九）「パブリックコメントの一〇年」『都市問題』一〇〇巻第一二号、九九―一一三頁。
（6）吉岡久恵（二〇一二）「行政の政策形成における住民参加手段としてのパブリックコメント―その積極的な活用に向けた運用についての研究―」、『京都橘大学大学院文化政策学研究科研究論集』第一四号、一一―四〇頁。
（7）総務省自治行政局行政経営支援室（二〇一五）「意見公募手続制度の制定状況に関する調査結果」と、前掲注（2）のデータを使用した。
（8）香川県弁護士会のホームページによる http://kaben.jp/new2/wp-content/uploads/2020/05/%E4%BC%9A%E9%95%B7%E5%A3%B0%E6%98%8E%E3%83%A1%E3%83%A2.pdf（二〇二一年五月二八日アクセス）。
（9）豊田市は首長の政治姿勢以外の要因が考えられるため、本稿では対象としない。
（10）豊島・前掲注（3）

（11）豊島・前掲注（3）一七七頁。
（12）豊島・前掲注（3）一七八頁。
（13）豊島・前掲注（3）一八一頁。
（14）尼崎市ホームページによる https://www.city.amagasaki.hyogo.jp/shisei/si_mirai/sprocess/1007528/index.html（二〇二一年五月一七日アクセス）。
（15）尼崎市ホームページによる https://www.city.amagasaki.hyogo.jp/shisei/si_mirai/sprocess/1011552/pub_kakoanken/1007580/index.html（二〇二一年五月一八日アクセス）。
（16）尼崎市ホームページによる https://www.city.amagasaki.hyogo.jp/shisei/si_mirai/sprocess/1011552/pub_kakoanken/1007577/index.html （二〇二一年五月一八日アクセス）。
（17）尼崎市ホームページによる https://www.city.amagasaki.hyogo.jp/_res/projects/default_project/_page_/001/008/431/h24kouyaku_hyouka2.pdf（二〇二一年五月一八日アクセス）。
（18）石森令（二〇一八）インタビュー「平成にっぽんの首長 自治の自画像（第一三三回）兵庫県尼崎市長 稲村和美「ひと咲き まち咲き あまがさき」の自治のまちづくり」ガバナンス二〇四号、七四―七七頁、ぎょうせい、を参照した。
（19）総務省自治行政局行政経営支援室（二〇一一）「報道資料「地方公共団体における意見公募手続制度の制定状況」（二〇一〇年一〇月一日現在）」。
（20）京都市ホームページによる https://www.city.kyoto.lg.jp/templates/pubcomment/bunshi/0000162053.html（二〇二一年五月二八日アクセス）。
（21）京都市ホームページによる https://www.city.kyoto.lg.jp/templates/pubcomment/cmsfiles/contents/0000152/152734/pubcom_kekka.pdf（二〇二一年五月一八日アクセス）。
（22）京都市ホームページによる https://www.city.kyoto.lg.jp/templates/pubcomment/tokei/0000210529.

html（二〇二一年五月一八日アクセス）。
(23) 京都市ホームページによる https://www.city.kyoto.lg.jp/templates/pubcomment/kyoiku/0000200184.html（二〇二一年五月一八日アクセス）。
(24) パブリックコメント普及協会のフェイスブックページを参照した。https//m.facebook.com/bubcomme/（二〇二一年一〇月一四日アクセス）。
(25) 対象となった六件は、「自転車向け保険加入義務化案について」、「京都市商業集積ガイドプランの見直し」、「京都市地球温暖化対策計画の改定案」、「沿道建築物の耐震診断を義務化する道路の指定（案）」、「（仮称）公共土木施設の維持管理に係る市民協働推進指針（案）」、「京都駅東南部エリア活性化方針（案）」である。
(26) 二〇〇八年度から二〇一七年度に実施された。
(27) 京都市ホームページによる https://www.city.kyoto.lg.jp/templates/shingikai/sogo/0000137251.html（二〇二一年五月一八日アクセス）。
(28) 未来の担い手若者会議U35（二〇一一）「未来の担い手・若者会議U35活動報告書」、二ページ、京都市を参照した。
(29) 京都市職員へのインタビュー
(30) 名古屋市ホームページによる https://www.city.nagoya.jp/somu/page/0000060529.html による（二〇二一年五月一八日アクセス）。
(31) 名古屋市ホームページによる https://www.city.nagoya.jp/somu/page/0000093982.html（二〇二一年五月一八日アクセス）。
(32) 名古屋市ホームページによる https://www.city.nagoya.jp/shisei/category/63-5-70-5-0-0-0-0-0-0.html（二〇二一年五月一八日アクセス）。
(33) 名古屋市ホームページによる https://www.city.nagoya.jp/kankobunkakoryu/page/0000045023.html

（二〇二一年五月一八日アクセス）。

（34）名古屋市ホームページによる https://www.city.nagoya.jp/kankobunkakoryu/page/0000092269.html（二〇二一年五月一八日アクセス）。

（35）河村たかしオフィシャルホームページ http://takashikawamura.com/mani（二〇二〇年一一月二日アクセス）。

（36）金シャチ横丁ホームページによる http://kinshachi-y.jp/info/info.html（二〇二〇年一一月二日アクセス）。

（37）名古屋市は意見提出方法の内訳を公表しており、それによると「世界の金シャチ横丁」では、意見提出人数九三人に対して、持参等が六九人であり、他の案件より持参の割合が高くなっていることから、イベント会場等で意見募集が呼びかけられたことが推測される。

（38）常岡孝好（二〇〇六）『パブリック・コメントと参加権』、弘文堂、二〇七頁を参照した。

（39）藤原・前掲注（5）一〇八―一〇九頁を参照した。

（40）二〇一九年一月一〇日～二月一二日に実施された「持続可能な都市構築プラン（仮称）」のパブリックコメントでは、京都市内の区役所等一四カ所、職員のみで対話型パブリックコメントが行われている。

（41）中島晃（二〇一九）「ウォッチャーレポート一七一ゆがめられるパブリックコメント―対話型パブコメの危険性」『ねっとわーく京都』、二〇一九年六月号（通巻三六五号）、五六頁―五七頁。

（42）河村たかし（二〇一〇）講演「（名古屋市）長と地方議会、名古屋市議会にみる激突と調整、私はこう取り組んだ〝名古屋のどえりゃー挑戦〟」「市民税一〇％減税条例」「地方委員会」」『地方自治経営学会誌』一六号通巻第二二号、七九―九九頁を参照した。

（43）榊原秀訓（二〇一六）『地方自治の危機と法―ポピュリズム・行政民間化・地方分権改革の脅威』、自治体研究社、二七頁。

（44）名古屋市ホームページによる https://www.city.nagoya.jp/somu/page/0000003191.html（二〇二一年五

月二日アクセス)。

(45) 名古屋市ホームページによる https://www.city.nagoya.jp/somu/page/0000003224.html (二〇二一年五月二日アクセス)。

(46) 金谷・増田・前掲注(4)、四四六頁。

(47) 豊島・前掲注(3)、一九四頁。

(48) 宝塚市にはパブリックコメントの運営を評価するためのパブリックコメント審議会がある。

(よしおか　ひさえ・マネジメント学)

# Ⅳ　公募論文

# 1　知事選挙における中央官僚出身者と政党の選挙戦略
## ――一期目と二期目以降の選挙戦略の違いに着目して※――

米岡秀眞
（山口大学）

## 一　はじめに

わが国では、中央政府と地方公共団体との間で中央官僚が出向したり、その後に中央官僚の出身者が地方において知事などの首長に選出されるという現象がしばしば観察される。イギリスやドイツなどの先進国、あるいは多くの発展途上国でも中央官僚の出身者が地方に出向するというような現象はほとんど見られない。諸外国と比較してもかなり異なった地方における中央官僚出身者の存在は、わが国の中央と地方の関係における大きな特徴の一つであるともいえる。わが国ではなぜこのような現象が生じ、それはどのような効果をもたらしてきたのであろうか。

行政学の分野の伝統的な理論に基づくと、二〇〇〇年の地方分権一括法の施行前における中央と地方の関係を考える際に、「垂直的行政統制モデル」の構成要素の一つとして、中央官僚の出向（天下り）などの人事行政が重要であることが指摘されている。この点に関して、村松（一九八八）では、わが国の中央と地方の結合構造を分析する上で、地方の側の財政的窮乏の状況、および中央と地方の間における財政的な移転が行われているという現実とあわせ、地方に中央官僚出身者が存在することを、丹念な分析の対象としなければならないことを指摘している。その後、中央と地方の間における出向人事を中心として研究蓄積が進んできたわけであるが、中でも都道府県における中央官僚出身者の存在が主要な研究の対象とされてきた(1)。

ただし、中央官僚出身の知事がどのような要因により成立しているのかについては、行政学のみならず政治学の分野における先行研究を見渡しても、それほど多くの実証研究が行われてきたわけではない。これに関する先行研究としては、片岡(一九九四)と喜多見(二〇一〇)の二つが主にあげられる。いずれも詳細な事例分析が行われており、自治省(現総務省)出身の中央官僚は入省直後から地方公共団体と本省を行き来して経験を積み重ね、その他省庁出身の出向者についても赴任先での地方の行政経験を経歴資源として獲得することで、副知事や総務部長ポストなどを歴任し、自民党の支援を受けて知事になるケースが多いことを指摘している。片岡(一九九四)では自民党県連における候補者選定メカニズムを解明する中で、中央官僚出身の知事が成立するまでのプロセスを、喜多見(二〇一〇)では特に自治省出身の知事に着目した事例研究が行われている。あるいは、地方における中央官僚出身者が予算獲得などの場面において、国との人的コネクションの面から結びつきを有することは想起されることであるし、実際にそうしたことを指摘する研究も存在する(2)。

しかし、いずれの研究についても一九九九年以前の都道府県データを分析対象としているため、それ以降のデータを用いた議論が活発に行われてきたとは言い難い。つまり、地方分権一括法が施行され、地方分権化の進んだ二〇〇〇年以後のデータによる検証から、中央官僚出身の知事がどのような要因により成立するかを明らかにした研究は極めて手薄な状況にある。さらに、誰を知事にするのかについては、最終的には住民の選挙を通じて決定されるものであるため、こうした点もある程度考慮した上で検討が行われる必要があると考えられるが、管見の限りでそうした研究はほぼ見当たらない(3)。

ここで、知事の出身属性がどのような要因により決定されるのかについて検討することの意義を述べると、主に次の二つがあげられる。一つには、二〇〇〇年における地方分権一括法の施行である。地方分権一括法の施行前には、地方公共団体の首長は法令に基づいて中央政府から委任され、中央政府の機関として処理する機関委任事務として行われていた。この制度は、地方公共団体における公選の首長を中央政府の下部機関と位置付けており、従前より地方自治を阻害するものとして批判が強く、機関委任事務に関わる領域について条例で制定する余地もなかった。このことから、各地方公共団体は地域課題を解決するため、法律の規制を上回る指導要綱を制定するなどして対応していた。地方分権一括法の施行により、この機関委任事務は廃止されるに至っている。地方公共団体が処理する事務はすべて地方公共団体の事務となり、機関委任事務とされていた事務の大半は自治事務と法定受託事務に再編され、一部の事務は国の直接執行とされるか、事務自体が廃止された。地方分権一括法の施行後には、国の影響力が相対的に弱まり、地方公共団体の首長は広範な裁量権を得て意思決定が行えるようになったわけであるが、政治学・行政学におけるいくつかの先行研究によれば、地方の行財政運営のあり方に対し、その知事の出身属性の違いが影響をもたらすことが指摘されている（砂原、二〇一〇：曽我・待鳥、二〇〇七など）。

もう一つの意義としては、地域社会に対する知事の影響力の大きさをあげることができる。片岡（一九九四）や喜多見（二〇一〇）によれば、知事の出身属性の違いが中央官僚の出向人事を受け入れる上で重要な要因となっていることが指摘されている。そもそも、知事は行政組織において各職員の任命権者として広範な人事権を有しており、知事の出身属性の違いにより組織内部の人事配置にも何かしらの影響をもたらすことは十分に考えられることである。定量分析による検証から、片岡や喜多見の主張を支持する研究も存在する。(4)

わが国では、戦後の一九四七年から知事の公選制が始まったわけであるが、今日に至るまでほぼ一貫して四七都道府県知事の半分程度が中央官僚の出身者により占められている。知事の任期は一期四年であるが、わが国では法制度上において多選の制約は存在しない。中央官僚出身知事が在任する時間経過に伴って、その出身属性の違い、さらには組織内部で知事が人事権を行使した後の中央官僚の出向人事配置のあり方が、地方の歳出・歳入に与えるような場合には、地域社会に対しても少なくない影響をもたらすであろう。実際に、財政学など隣接分野でも、知事の出身属性の違い、あるいは組織内部における中央官僚の出向者の人事配置が地方の歳出・歳入に与える影響については、多くの研究蓄積が進んでいる(鷲見、二〇〇〇：別所、二〇一〇：山下、二〇〇一：湯之上、二〇〇五：米岡、二〇一五、二〇二一bなど)。

ところで、政治学・行政学における先行研究の議論では、わが国における知事選挙では候補者に関して国政与党とその対抗政党(野党)の相乗り化が生じることが多い、との見解が主流である(河村、二〇〇八：砂原、二〇一〇：曽我・待鳥、二〇〇七など)。これら先行研究の指摘するように、知事選挙の全体を見渡せば、現職への相乗り化は実際に多くの地域で度々観察される現象である。ただし、これまでの先行研究の議論には、①現職が立候補しなかった新人のみの選挙と、現職が立候補する二期目以降の選挙を明確に区分けせずに検討が進められてきた、②知事の出身属性に着目した定量的な実証研究のアプローチがとられることが少なく、主に事例的な分析アプローチが多用されてきたこともあって、その帰結を一般化して示すことまでは十分にできていない、との二つの課題が残されている。特に、上記①に関して、知事選挙では新人に対して現職が圧倒的に有利であるという先行研究（片岡、一九九四）の指摘を踏まえると、新人のみの選挙だけで検討した場合に、従来の見解とは異なった現象、すなわち国政政党の対立が実際には存在しており、相乗り化が観察できないという可能性も考えられる。

そもそも、各政党が相乗り化しやすい知事選挙の候補者とはどのような属性を持つのであろうか。知事選挙に勝つという目的から、現職という属性が各政党にとって相乗り化しやすい属性であることは、おそらく言うまでもないであろう。河村（二〇〇八）では、知事選挙における候補者側の視点に立ちつつ、選挙戦略に関する先行研究（Schilesinger, 1975）の理論を採用し、わが国の首長選挙に関する検討を行なっている。特に、中央官僚出身者など前職が公務員であった候補者が選択しやすい選挙戦略は、有権者や議会からも批判されず波風を立てないことにあるとするならば、結果として得票数と議会勢力の最大化を志向しやすくなることが指摘されている。こうした知見も踏まえると、各政党の相乗り化が進んでいく上で、現職が立候補するか否かだけでなく、候補者の出身属性の違いが相乗り化の進行に対して、何かしらの影響をもたらしているという可能性も考えられる。以上の点を検証する上では、やはり現職が立候補するか否かでデータを区分けした上で、分析が行われるべきと考えられるものの、管見の限りでそうした点を検討した研究は皆無の状況にある。

本研究の目的は、以上のような先行研究の状況に問題意識を持ちつつ、地方分権一括法の施行された二〇〇〇年から二〇一五年の間における知事選挙の候補者データについて現職が立候補するか否かで区分けした上で用い、特に中央官僚出身者に着目した実証分析を行うことで、国政与党と対抗政党の選挙戦略の違い、並びに知事の出身属性がどのような要因により決定されるのかを同時に明らかにすることにある。

実証分析から、①現職の立候補しない新人のみの知事選挙だけで見た場合、中央官僚出身者は主に国への財政依存度が高まっている地域で立候補し、かつ国政与党からの支援を受ける、②中央官僚出身者に対して国政与党と対抗政党の相乗り化が進行するのは、現職が立候補した二期目以降の知事選挙から顕著となる、③国政与党の支援を受けた候補者の中でも、現職かつ中央官僚出身の属性を持つ候補者の当選する確率が最も高い、との三つの主要な結論を得た。

本稿の構成は、次のとおりとなる。続く第二節で、研究の背景について述べる。第三節で、実証分析を行う。最後に、第四節において結論を示す。

## 二　研究の背景

### 1　知事選挙における相乗り化現象と政党の候補者選択

二〇〇〇年以降の知事選挙を検討するにあたり、まずそこに至るまでの政治状況の変化について整理を行う必要がある。なぜならば、先行研究の議論によると、その時期における国政レベルの政治状況の変化が地方選挙にも影響を与えたことが、度々指摘されてきたからである（河村、二〇〇八：砂原、二〇一〇：曽我・待鳥、二〇〇七：辻、二〇一〇）。

わが国では、一九九三年に自民党政権から非自民党連立政権への政権交代があり、細川政権のもとで選挙制度改革が行われ、衆議院議員選挙に小選挙区比例代表並立制が導入された。選挙制度の改革後、一九九六年にはじめて衆議院選挙が行われた。これにより、国政レベルにおける政党間の関係も大きく流動化し、地方政治にも影響をもたらしたことが指摘されている（曽我・待鳥、二〇〇七）。具体的には、一九九〇年代末頃から国政レベルにおける革新政党の弱体化に伴い、保革相乗り型が急激に減少し、保守・中道型知事と無党派知事が増加するという現象が生じた。実質的に、保守・中道型知事の増大は、ほぼ自民単独知事と同じ位置付けと捉えるべきであるとも指摘されている。

辻（二〇一〇）では、知事選挙を分析する上で二〇〇〇年の地方分権一括法の施行を重視すべきことが指摘されている。第一節でも述べたように、地方分権一括法の施行により国からの機関委任事務が法定受託事務と自治事務に分けられ、地方公共団体が独自の判断で実行可能な自治事務の比率が大きく増加したが、結果として知事の裁量が増加することになり、都道府県議会の議員も知事との良好な関係を維持する必要性が一定程度生じたと指摘している。そして、二〇〇〇年代には地方政党支部が独自に知事選挙の応援体制を構築することがしばしば見られ、政党内の規律や凝集性が低下したことで知事選挙の候補者と政党との関係性にも変化が生じ、候補者の意向によって政党の支援の有無が左右されることになった。こうした変化は、地方政治において地方の政党支部が知事との友好関係を求め、国政の論理とは離れて行動することを示したものとなる。結果として、二〇〇〇年の地方分権一括法の施行が政党本部と地方支部の結びつきを弱める方向に作用したと結論付けている。

このように、国政レベルにおける政治状況の変化と地方分権化の背景事情があった中で、砂原（二〇一〇）では政党の相乗り知事が全体の八〇％程度を占めていた一九九九年を頂点として、国政レベルで対立している自民党と保守系の対抗政党（野党）が、知事選挙では同じ候補を推すという相乗り化現象が顕著になったと指摘している。同様の傾向が存在することは、河村（二〇〇八）でも指摘されている。二〇〇七年の統一地方選挙において、民主党が都道府県連に対し首長選挙における候補者の相乗り禁止、自前候補の擁立などを指示するに至るまで、国政レベルの対立構図を持ち込むことが少なく、相

乗り化の傾向にあったとされる。(5)

一方で、政党側の視点に立ちつつ、その候補者選択について検討した研究としては、一九九九年以前のデータによる検証ではあるものの、自民党県連を事例分析した片岡（一九九四）があげられる。中央官僚出身者の中でも当該地域に赴任経験のある者は、自民党県連における知事選挙の候補者選定プロセスに組み込まれやすく、実際にこれまで多くの地方選挙において自民党の支援を受けた中央官僚出身の知事が誕生していることが指摘されている。(6) また、この研究では、国への財政依存度と都市化の程度が中央官僚出身知事の四七都道府県全体に占める比率の増減に与える影響に関して、独立変数に一九六五年から一九九〇年までの平均財政力指数および非農業人口を用いて単回帰分析をそれぞれ行っている。(7) 実証分析の結果から、いずれの独立変数も四七都道府県全体に占める中央官僚出身知事の比率には影響を与えていないものと結論付けている。ただし、これらの実証分析の枠組みでは、サンプル数が四七とわずかであり、独立変数を一つだけ用いた分析精度の低い単回帰分析が適用されているため、結論の妥当性については検討の余地が残されているといえる。

その他、小川・須佐・米岡（二〇一七）では一九七五年から二〇一四年までの都道府県データを用いた検証を行っており、小選挙区比例代表並立制が導入された前後の衆議院議員選挙における一票の格差に着目して、中央官僚出身者が知事選挙の候補者となりやすい地域特性とはどのようなものであるかについて定量的な実証分析が行われている。この研究では、相対的に一票の価値が高い地方部において、自民党の支援のもと中央官僚出身者が候補者になりやすいことが指摘されている。一般的に、地域間で一票の格差が生じている場合には、一票の価値が相対的に高い地域は地方部である傾向が強い。地方部は財政状況も都市部と比較すれば良くない地域でもあり、そのような地域において自民党の支援を受けた中央官僚出身の知事が成立しやすい傾向にあるのかもしれない。

以上、先行研究の議論をまとめると、一九九〇年代における国政レベルの政治状況の変化、並びに二〇〇〇年の地方分権一括法の施行が地方政治にも大きな変化をもたらし、知事選挙において相乗り化が進むことになった、との見解が主流となる。確かに、実際に行われてきた知事選挙の全体像を見渡せば、そうした見解には一定の説得力があるようにも思える。

しかし、一見すればすべての知事選挙において先行研究の指摘するような相乗り化が進行しているように捉えられたとしても、現職が立候補しない新人のみによる選挙では、国政レベルの政党間で何らかの対立構図が見出せるということはないであろうか。この点について、先行研究の議論では知事選挙を全体像として捉えるがゆえに、部分的に生じ得るそうした対立構図を十分に捉え切れていない可能性を指摘できる。さらには、知事選挙の候補者に対して相乗り化が進む場合には、どのような出身属性を持つ者が政党にとって相乗りしやすいのであろうか。現職が新人に対して圧倒的に優位性を持っているのであれば、現職という属性に政党が相乗りしやすいであろうことは言うまでもないが、候補者にとってみれば、そもそも相乗り化とは得票数と議会勢力の最大化を意味することになる。

本研究における着眼点は、現職が立候補しない新人のみによる選挙と、現職も立候補する二期目以降の選挙を明示的に区別した場合に、政党の候補者擁立に関する選挙戦略に違いがあるのではないか、さらには、中央官僚出身者が各政党にとって相乗りしやすい出身属性となり、中央官僚出身の候補者もそれを求めている可能性はないか、という点にある。

## 2　行財政運営のあり方が現職首長の再選に与える影響

ところで、政治経済学の分野では、政治家の出身属性の違いが財政支出や財政赤字の増大に影響を及ぼすことについて多くの研究蓄積が進んでいる(8)。こうした議論には、政治家が再選を目指す上で合理的な選択行動をとるのであれば、選挙の前に財政支出を増大させ、有権者もそれを望んでいる、との前提がある。

同分野では、特に海外の先行研究により政治過程を経て財政赤字が拡大しやすい傾向があることが指摘されてきた（Alesina et al., 1998; Persson and Tabellini, 2000; Eslava, 2006 など）。再選を目指す政治家による財政支出の拡大、あるいは財政赤字への影響について検討を行った研究は数多い。財政赤字が膨らんだとしても歳出を拡大して再選確率が高くなるのであれば、政治家の再選動機は財政赤字の原因となり得る、との指摘もある（Nordhaus, 1975; Roggoff, 1990 など）。特に、選挙前に着目した場合に歳出が拡大する現象はしばしば確認されることであることが指摘されている（Kneebone and McKenzie, 2001; Foucault et al., 2008; Akhmedov and Zhuravskaya, 2004 など）。こうした現象が生じるメカニズムについては、同分野における政治的財政循環論によっても理論的に説明がなされている。ここで想定される重要な前提条件は、そのような歳出拡大が有権者により支持される限りにおいて、歳出拡大が実際に行われるという点にある(9)。

一方で、政治家の再選動機に基づいて財政状況に違いが生じるのであれば、結果として現職が就任してから次期選挙に至るまでの財政状況の変化が、その後の現職の再選に影響を与える、という因果関係が生じることも考えられられる。上記であげた先行研究の議論に基づくと、選挙直前の財政赤字を伴った歳出拡大が有権者により望まれているとの前提があるのであれば、現職が実際にそれを実行した場合には現職の再選確率を高めるという結果が観察されるであろう。その一方で、仮にそうした歳出拡大が行われたとしても、それと同時に当該首長の行財政運営に関する能力の高さが有権者によって評価されるのであれば、当該地域の財政状況、すなわち将来に向けた財政の持続可能性が満たされる限りにおいて、現職の再選確率が高まるという可能性も考えられる。

わが国では一九九〇年代に国が公共事業を推し進めた結果、各地域で歳出は拡大したものの、地方債は累増することとなり、地方財政が急速に悪化している。そうした事態に直面した政府は、国家財政・地方財政のいずれに対しても財政再建路線を打ち出している（北村、二〇〇九）。こうした状況下では、無尽蔵な歳出拡大が許容されるとは考えにくい面もあり、財政赤字の削減に向けて、各地域で首長の行財政運営能力・手腕が問われることとなり、住民による評価の対象となる可能性が考えられる。

実際に、既存の理論研究の中には、財政黒字は政治家が行財政運営の有能さを示すシグナルになる、という帰結を数理モデルにより導出しているものがある（小西、一九九八；Konishi, 2006）。実証研究でも、わが国の知事の在職年数の長さが財政規律に与える影響を検討したものとして、基礎的財政赤字に着目した藤澤（二〇〇四）や小林・近藤（二〇〇八）などがある。これらの研究では、知事の在職年数が長くなるほど行財政運営の効率化が図られ、財政状況が改善するかについて論争がなされている。藤澤（二〇〇四）では一九九九年以前のデータによる検証から知事就任の一〇年後までは基礎的財政赤字が削減される傾向にあることを、小林・近藤（二〇〇八）では二〇〇四年以前のデータによる検証からそうした関係性が存在しないことを主張しており、この点については統一的な見解が定まっていない。

以上、わが国における現職の首長の行財政運営のあり方と再選確率との関係性については、歳出拡大が再選確率を高める、あるいは首長が行財政運営の能力の高さを示して財政赤字を削減させた場合に、それが評価されるならば再選確率が高まるというように、いくつかのパターンが想定され得るものの、国内研究では定量的な実証研究がほとんど進んでいない状況にある。

ただし、海外研究にも目を向けてみると、いくつかの実証研究が存在する。例えば、先行研究ではイスラエルの地方財政データを用いて、選挙前の公債残高と財政赤字の増大が現職の当選確率に負の影響をもたらすことが指摘されている（Brender, 2003）。また、国政レベルについてではあるが、長期のパネルデータによる検証から、選挙前の財政黒字が先進国における元首の再選確率を高めていたり（Ardagna et al., 2007）、あるいは同様の傾向が途上国に関しても観察されることが指摘されている（Ardagna et al., 2007; Drazen and Eslava, 2010）。こうした実証研究の知見を踏まえると、わが国でも同様の現象が観測される可能性は少なくないと考えられる。少なくとも、わが国の地方選挙、特に知事選挙に関して、こうした論点を扱った定量的な実証研究が皆無の状況にあることを踏まえるならば、この種の検証を行うこと自体には、少なくない意義が見出せるものと捉えられる。

## 三　実証分析

### 1　予備的分析

第三節では、二〇〇〇年から二〇一五年のわが国の都道府県データを用いて、知事選挙における候補者に関する仮説を設定した上で、定量的な実証分析により検証を進めていく。

それに先んじて、本節では知事の属性の違いが地方財政に与える影響について予備的な分析を行いたい。検証したい仮説は、次のものとなる。

仮説1：国政与党が推した知事の中でも、中央官僚出身知事のもとで、財政状況が改善される傾向にある。

表1では、データの記述統計を示している。従属変数には、県内総生産デフレーターで調整後の基礎的財政赤字を用いる。(10) 独立変数には、国政与党の支援を受けた中央官僚出身知事（あり＝1、なし＝0）、国政与党の支援を受けた非中央官僚出身知事（あり＝1、なし＝0）、対抗政党の支援を受けた中央官僚出身知事（あり＝1、なし＝0）、対抗政党の支援を受けた非中央官僚出身知事（あり＝1、なし＝0）、共産党の支援を受けた知事（あり＝1、なし＝0）の各ダミー変数をそれぞれ用いる。この場合の参照基準は、いずれの政党からも支援を受けていない現職知事となる。これら独立変数を用いる理由は、以下のとおりである。

既述のように、海外の先行研究（Brender, 2003; Brender and Drazen, 2008; Drazen and Eslava, 2010）では、首長の財政運営により公債残高や財政赤字の増大が、現職の再選確率に対して負の影響を与えることが指摘されている。わが国でも同様のことが観測されるとした場合、現職の知事が自らの財政運営能力の高さを発揮することで財政状況が改善し、それが評価されることで、自らの再選確率を高めることが想定される。特に、二〇〇〇年以降、地方財政が悪化する状況下では、地域の財政状況の改善は再選に向けての重要な指標の一つとなり得るものと考えられる。

ただし、すべての現職知事が同様の条件で財政状況を改善することができるとは限らないであろう。その他の条件を一定と仮定した場合に、国政与党と政治的なつながりを持ち、国との人的ネットワークをより多く有し、政策の実現可能性が高い政治属性を持つ者、さらには行財政運営に関して多くの経験

### 表１　データの記述統計

| | 変数 | 標本数 | 平均 | 標準偏差 | 最小値 | 最大値 | 出所 |
|---|---|---|---|---|---|---|---|
| y | 基礎的財政赤字（億円） | 752 | －27.519 | 93.325 | －1008.470 | 287.006 | ①② |
| x1 | 国政与党の支援を受けた中央官僚出身知事（あり＝1、なし＝0） | 752 | 0.364 | 0.482 | 0.000 | 1.000 | ③④⑤ |
| x2 | 国政与党の支援を受けた非中央官僚出身知事（あり＝1、なし＝0） | 752 | 0.191 | 0.394 | 0.000 | 1.000 | ③④⑤ |
| x3 | 対抗政党の支援を受けた中央官僚出身知事（あり＝1、なし＝0） | 752 | 0.265 | 0.441 | 0.000 | 1.000 | ③④⑤ |
| x4 | 対抗政党の支援を受けた非中央官僚出身知事（あり＝1、なし＝0） | 752 | 0.153 | 0.360 | 0.000 | 1.000 | ③④⑤ |
| x5 | 共産党の支援を受けた知事（あり＝1、なし＝0） | 752 | 0.004 | 0.063 | 0.000 | 1.000 | ③④⑤ |
| x6 | 都道府県議会における反対勢力議席率（%） | 752 | 61.426 | 31.119 | 0.000 | 100.000 | ⑥ |
| x7 | 県内総生産成長率（%） | 752 | 0.033 | 2.821 | －10.646 | 13.281 | ② |
| x8 | 高齢化率（%） | 752 | 23.316 | 3.795 | 12.817 | 33.554 | ⑦ |

注）データの出所について、①から⑦の資料名は以下のとおりとなる。
出所）①総務省『都道府県決算状況調』
②内閣府『県民経済計算』
③朝日新聞、読売新聞、毎日新聞（各地方版）
④地方行財政調査会編『全国知事・市町村長ファイル』
⑤地方自治総合研究所『全国首長名簿』
⑥総務省『日本統計年鑑』
⑦総務省『統計でみる都道府県のすがた』

と高い能力を有する出身属性を持つ者ほど、財政状況を改善できる可能性が高まるものと考えられる。この場合、国政与党の支援を受けた知事、中でも中央官僚出身者のもとで、財政状況の改善が観察されることを想定する。

コントロール変数には、予算に関して議決権を有する議会の状況の違いをコントロールするため都道府県議会における反対勢力議席率を、各地域の経済・社会的要因をコントロールするためデフレーターで調整後の県内総生産成長率、高齢化率をそれぞれ用いる。[11] さらに、年度ごとに共通するショックをコントロールするため各年度ダミーを投入する。[12]

なお、推定にあたっては、パネルデータ分析を用いる。[13] 分析にあたり、事前にモデル選択のためのF検定およ

### 表2　推定結果

| | | ケース1 | | | |
|---|---|---|---|---|---|
| | | 係数 | 標準誤差 | p値 | |
| x1 | 国政与党の支援を受けた中央官僚出身知事 | −12.731 | 6.205 | 0.040 | ** |
| x2 | 国政与党の支援を受けた非中央官僚出身知事 | −6.661 | 19.705 | 0.735 | |
| x3 | 対抗政党の支援を受けた中央官僚出身知事 | −0.259 | 5.652 | 0.963 | |
| x4 | 対抗政党の支援を受けた非中央官僚出身知事 | 9.583 | 10.054 | 0.340 | |
| x5 | 共産党の支援を受けた知事 | −6.322 | 10.008 | 0.528 | |
| x6 | 都道府県議会における反対勢力議席率 | 0.005 | 0.102 | 0.959 | |
| x7 | 県内総生産成長率 | −1.100 | 0.719 | 0.126 | |
| x8 | 高齢化率 | 5.507 | 4.830 | 0.254 | |
| | 定数項 | −117.289 | 95.662 | 0.220 | |
| | sigma_u | | 75.247 | | |
| | sigma_e | | 49.441 | | |
| | rho | | 0.698 | | |
| | R-sq：within | | 0.208 | | |
| | between | | 0.009 | | |
| | overall | | 0.069 | | |
| | Wald chi2 | | 10333.700 | | |
| | Prob > chi2 | | 0.000 | | |
| | 標本数 | | 752 | | |

注1）表において、* は10％水準、** は5％水準、*** は1％水準で有意であることをそれぞれ示す。
注2）各年度ダミーの結果については、表記を省略している。
注3）標準誤差の算定にあたっては、ロバスト標準誤差（robust standard error）を用いている。

び Hausman 検定を行ったところ、ランダム効果モデルが採択された(14)。各変数間における多重共線性については、VIF（variance inflation factor）の値が三・七〇となり、基準となる一〇よりも低い値を示していることから、概ね懸念すべき程の水準には達していないものと判断できる。

推定結果は、表2のとおりとなる。ケース1をみてみると、国政与党の支援を受けた中央官僚知事ダミーの推定係数の符号は負となり五％水準で有意となっている。国政与党の支援を受けた非中央官僚出身知事ダミー、対抗政党の支援を受けた中央官僚出身知事ダミー、対抗政党の支援を受けた非中央官僚出身知事ダミー、共産党の支援を受けた知事ダミーは、いずれも有意な結果を得ていない。これらの結果を解釈すると、参照基準となる政党の支援を受けていない現職知事と比較した場合に、国政与党の支援を受けた中央官僚出身知事のもとで、基礎的財政赤字が平均して一二億円程度削減されており、財政状況が改善される傾向にあるといえる。このことから、仮説1は支持される。

## 2　仮説設定

前節の分析から、国政与党の支援を受けた中央官僚出身知事のもとで、基礎的財政赤字が平均的に削減されており、財政状況が改善傾向にあることが明らかとなった。このことを踏まえた上で、本節では知事選挙における候補者に関し、以下三つの仮説を検証したい。

仮説2：現職の立候補しない新人のみの知事選挙だけで見た場合、中央官僚出身者は主に国への財政依存度が高まっている地域で立候補し、かつ国政与党からの支援を受ける。

仮説3：中央官僚出身者に対して国政与党と対抗政党の相乗り化が進行するのは、現職が立候補した二期目以降の知事選挙から顕著となる。

仮説4：国政与党の支援を受けた候補者の中でも、現職かつ中央官僚出身の属性を持つ候補者の当選する確率が最も高い。

まず、各仮説の背後にあるメカニズムについて述べる前に、近年の地方財政を取り巻く環境変化について、一定の言及を行う必要がある。わが国では、一九九〇年代において国が内需拡大を志向した結果、地方に対しても公共事業の推進が促されたが、地方の財源不足が毎年度一〇兆円を超えることが常態化し、二〇〇一年までこの傾向は変わることもなく、地方財政が急速に悪化している。二〇〇一年時点で国・地方を合わせた債務残高は七〇〇兆円を超えるに至っている。このように債務残高が急増する中で、二〇〇一年に成立した小泉政権では、巨額の財政赤字に直面したため、構造改革の推進を内閣の方針として掲げ、財政再建を念頭に置いた種々の改革が進められることとなった。

二〇〇〇年代の初頭には、地方税の拡充、地方交付税・国庫補助金の削減などを盛り込んだ三位一体改革が進められたことで税財政制度が大きく変化し、結果として人口が多く地方税が主要な財源となる都市部と、国からの依存財源に歳入の多くを頼っている地方部とで、自主財源比率などの歳入構成に大きな変化が生じている。そうした改革により、地方の財政状況の良し悪しがより鮮明になったという面もあった。

これに加えて、小泉政権下で三位一体改革が進められるにあたり、全国知事会などの地方の全国団体が中央政府の政策決定過程に参画した点は注目すべき点となる。一九九〇年代から全国知事会は内部組織改革を経て「知事のサロン」からの脱却が始まり、二〇〇三年の梶原岐阜県知事の知事会長への選出で政治的な影響力を行使する組織的基盤が確立した（北村、二〇〇九）(15)。こうして、小泉首相のもとで「国と地方の協議の場」と呼ばれる協議機関の設置も決められ、三位一体改革を進めていく上で、全国知事会の存在感が一層高まることとなった(16)。アメリカやイギリスなどの国では、地方政府の全国団体が地方政府間の情報交換のみならず、中央政府の政策決定過程において重要な圧力団体としての地位が確立されているところであるが（古川、二〇〇〇；Rhodes, 1986 など）、わが国でも二〇〇〇年以降の地方分権化の流れの中で、国の政策立案に対する地方の全国団体の影響力が高まっていった。

一方で、二〇〇七年には北海道夕張市において財政再建団体への申請が行われているが、これが地方財政制度に与えた影響は大きい。夕張市の債務残高は、二〇〇五年度末時点で判明したものだけで六二三億円に達していた。土居（二〇〇七）では、戦後の地方財政再建促進特別措置法に基づく準用再建団体の財政状況の推移に着目した実証分析を行っており、各地方公共団体の財政状況をモニタリングするための起債制限比率や実質収支比率が、基礎的財政収支の改善に対してシグナリングとして有効に機能していなかったことを指摘している。財政状況を把握するために、従前より利用されてきたこうした指標の問題点が浮き彫りとなり、二〇〇九年には「地方公共団体の財政の健全化に関する法律（地方財政健全化法）」が施行され、実質赤字比率、連結実質赤字比率、実質公債費比率、将来負担比率の四つの指標により、各地方公共団体の財政状況のモニタリングが厳しく行われることとなった。

以上、二〇〇〇年以降に地方財政が悪化していく中で、国レベルで財政再建の方針が掲げられ、三位一体改革、あるいは夕張市の財政破綻などが生じたこともあり、地方財政制度全般、あるいは各地方公共団体の財政運営にも大きな動揺がもたらされることとなった。こうした動揺は、地方の政治・行政に携わる者のみならず、行政サービスの受け手となる地域住民に対しても少なからぬ影響を及ぼすことが想起される[17]。

次に、上記のような地方財政を取り巻く環境変化があったことを踏まえた上で、筆者が各仮説の背後にあると想定しているメカニズムは、以下のとおりである。地方分権一括法の施行された二〇〇〇年以降、地方分権化が進んだとはいえ、地方財政が悪化していく中で、現実問題として地方部は都市部と比較して自前の財源で歳出を賄うことが十分にできず、国からの財源に頼るような状況は根強く続いている。地方財政上の諸問題を解決する上で、自前の産業のみで地域経済を活性化させることができればよいが、今なお種々の構造的問題を抱えている地域は少なからず存在している。あるいは、地方が抱える地方債の累積残高も深刻である。そうした地域では、住民はどのような人材を知事に据えるべきなのかという問題に直面していることが考えられる。

仮に、政党の大目的が国政において政権与党となることにあり、国政選挙で擁立する候補者の掲げる政策に対して実現可能であるとの説得力をもたらそうとした時、地方の知事選挙ではどのような出身属性の候補者を擁立し、住民にどのようなメニューを提示することになるであろうか。例えば、当該地域に赴任経験を持つ中央官僚出身者が、政権与党から知事選挙の候補者として提示された場合に、国との人的なネットワーク、あるいは地方の行財政運営に関し有能な人物であると地域住民は認識しやすいかもしれない。

時間と資金に制約がある国政与党の立場から考えると、地域によって立てるべき選挙戦略は異なるであろう。全地域を見渡せば財政状況に違いがあり、国レベルからの財政的な移転によって多くの歳出をまかなっている地域もある。そのような地域では、国レベルで影響力を有している国政与党にとってみれば、知事選挙に勝ちやすい地域であるとも考えられる。また、財政状況の良くない地域は地方部に多く、地域経済の状況が財政に与える影響が相対的に大きい傾向もある。そうした地域で国政与党の支援を受けた候補者、中でも中央官僚出身者を知事選挙の候補者に立てた場合、住民の信念に基づいた投票行動が行われることで、中央官僚出身候補者の選ばれる確率が高まることが考えられる。こうして国政与党は自党の候補を知事にすることを通じて、地方歳出にも影響力を及ぼすことが可能になり、後に国政選挙の際にも有利な状況を作り出すことに成功することも期待できる。

一方で、そうした地域の知事ポストを自党の候補者で押さえたいのは、国政与党の対抗政党である野党も同じであろう。ただし、中央官僚出身者を野党である対抗政党が候補者としたとしても、政策の実現可能性の観点から国政与党の候補者には勝てない。そうなると、国政与党の対抗政党はたとえ財政状況の良くない地域に知事選挙の候補者を立てることについて誘因があったとしても、国政与党と同じタイプ、すなわち中央官僚出身者を候補者に立てる確率がより低くなると考えられる。特に、その傾向は現職に対する相乗りができない新人のみの一期目の選挙でより顕著に観察される現象になるものと考えられる。

以上、政党は国政選挙で勝つための戦略として国政選挙に対応することは当然であるとして、さらにより望ましい状況として、地方歳出をコントロール可能なものとするため、知事ポストに影響力を保てる人材を置く必要が出てくることになる。特に、知事は市町村行財政への助言を通じて、他の地方公共団体にも一定の影響力を与えることが可能な地方における要の存在でもある[18]。このことは、仮に国政与党が地方の歳出と歳入に関して各種の法制度を変更することにより、地方の行動をある程度コントロールできたとしても、重要な点となる。なぜならば、地方公共団体における最終的な意思決定者は、あくまで地方の首長であり、そのすべてをコントロールすることは不可能であるからである。この傾向は、特に二〇〇〇年に地方分権一括法が施行され、三位一体改革により地方の税財政制度が改革され、歳入構成などにも大きな変化が生じる場合に、より鮮明な現象となって表れるものと考えられる。

また、上記で示したようなことが時間経過に伴って社会に定着し定常状態となっていく上では、国政与党の中央官僚出身者に対して逆の信念を住民が当初持っている場合にも、この状態が最終的には成立し得るものと考えられる。なぜならば、選挙後に選出された知事が国政与党の中央官僚出身者でない

図1　知事選挙における政党の候補者擁立と住民の信念

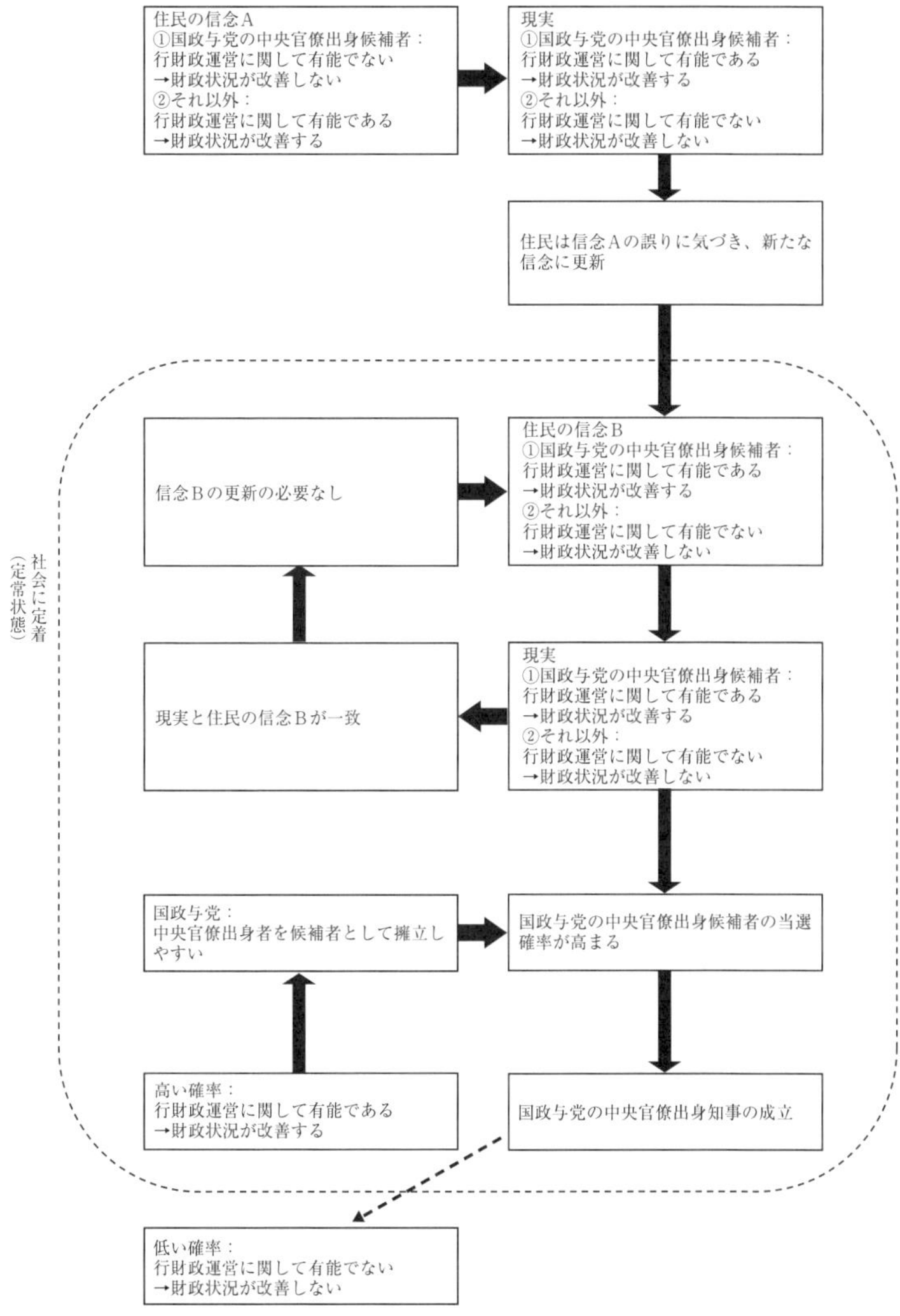


注）図は筆者作成

時、現実として進められた地方の税財政改革の中で、当該地域の財政状況が改善しないからである。そのことが後に判明すれば、住民はその信念の誤りに気づき、新たな信念が更新されることになる。次の知事選挙が行われれば、国政与党の中央官僚出身者が選出される。そして、現実に財政状況が改善した場合にはじめて住民の信念は現実と一致し、その信念を更新する必要が無くなる。このような状況下では、結果として中央官僚出身者が国政与党の候補者となり、住民による選挙を通じて彼（女）の当選確率が高まる、という現象が観察されるであろう。

以上のメカニズムを概略的にまとめてみるならば、図1のとおりとなる。国政与党の支援を受けた中央官僚出身の知事が誕生した後に、彼（女）らは自らの行政財運営の能力の高さを示して実際に財政状況が改善されるのであれば、再選される確率も高くなる。こうしたことは、海外の先行研究（Brender, 2003; Brender and Drazen, 2008; Drazen and Eslava, 2010）で指摘されているように、単なる歳出拡大だけではなく、効率的な財政運営による公債残高や財政赤字の減少が現職の再選確率に影響を与えるという現象が、わが国でも確認されることを意味する。

## 3　推定（1）

本節では、仮説2と仮説3に関して、政党による中央官僚出身者の擁立と相乗り化現象に関する推定を行う。表3では、二〇〇〇年から二〇一五年までに行われたすべての知事選挙、同期間で新人のみによる知事選挙（一期目にあたる選挙）、同期間で現職が立候補した知事選挙（二期目以降の選挙）と区分けして、データの記述統計をそれぞれ示している。

従属変数には、中央官僚出身の候補者ダミー（あり＝1、なし＝0）を用いる。選挙ごとに候補者数は異なっているものの、候補者が中央官僚出身であったら1を、それ以外の出身属性を持つ候補者については0をそれぞれコーディングする。[19]独立変数には、国政与党の支援（あり＝1、なし＝0）、対抗政党の支援（あり＝1、なし＝0）、共産党の支援（あり＝1、なし＝0）の各ダミー変数をそれぞれ用いる。[20]これらの変数を用いる理由として、現実の知事選挙では、国政与党と対抗政党のみによる対立構図ではなく、共産党が独自に候補者を擁立する傾向にあるからである。特に、この傾向は地方部において顕著である。これに加えて、歳入総額に対する自主財源の変化率を独立変数に用いる。

コントロール変数には、各知事選挙における住民の投票状況が異なることを考慮して知事選挙の投票率を、各地域の経済・社会的要因をコントロールするためデフレーターで調整後の県内総生産成長率、高齢化率をそれぞれ用いる。さらに、選挙ごとに共通するショックをコントロールするため各選挙ダミーを投入する。[21]

記述統計をみると、中央官僚出身の候補者ダミーの平均値がすべての選挙では〇・二一六、新人のみの選挙では〇・一九一、現職が立候補した二期目以降の選挙では〇・二三一となっている。知事選挙の全候補者における二割前後が中央官僚出身者となっており、現職が立候補した二期目以降の知事選挙の方が、その平均値がより高いこともわかる。現職が一期目の任期をまっとうした後、二期目以降で立候補しないという現象はほぼ見られないのが通常であり、片岡（一九九四）の指摘するように知事選挙では新人に対する現職の圧倒的な優位性もあることから、現職の立候補する二期目以降の選挙では相対的に立候補者数が少なくなり、立候補が控えられているものと推量される。さらに、歳入総額に対する自主財源の変化率の最大値と最小値の限りでは、分析対象期間中に相当な変化が生じていることもわかる。

**表 3　データの記述統計**

| | 変数 | すべての選挙 | | | | | 新人のみの選挙 | | | | | 現職が立候補した選挙 | | | | | 出所 |
|---|---|---|---|---|---|---|---|---|---|---|---|---|---|---|---|---|---|
| | | 標本数 | 平均 | 標準誤差 | 最小値 | 最大値 | 標本数 | 平均 | 標準誤差 | 最小値 | 最大値 | 標本数 | 平均 | 標準誤差 | 最小値 | 最大値 | |
| y | 中央官僚出身の候補者（あり＝1、なし＝0） | 612 | 0.216 | 0.412 | 0.000 | 1.000 | 235 | 0.191 | 0.394 | 0.000 | 1.000 | 377 | 0.231 | 0.422 | 0.000 | 1.000 | ①② |
| x1 | 国政与党の支援（あり＝1、なし＝0） | 612 | 0.234 | 0.424 | 0.000 | 1.000 | 235 | 0.166 | 0.373 | 0.000 | 1.000 | 377 | 0.276 | 0.448 | 0.000 | 1.000 | ①③ |
| x2 | 対抗政党の支援（あり＝1、なし＝0） | 612 | 0.199 | 0.400 | 0.000 | 1.000 | 235 | 0.153 | 0.361 | 0.000 | 1.000 | 377 | 0.228 | 0.420 | 0.000 | 1.000 | ①③ |
| x3 | 共産党の支援（あり＝1、なし＝0） | 612 | 0.257 | 0.437 | 0.000 | 1.000 | 235 | 0.162 | 0.369 | 0.000 | 1.000 | 377 | 0.316 | 0.465 | 0.000 | 1.000 | ①③ |
| x4 | 歳入総額に対する自主財源の変化率（%） | 612 | 0.697 | 4.431 | −21.386 | 26.674 | 235 | 0.026 | 3.161 | −9.577 | 6.169 | 377 | 1.115 | 5.022 | −21.386 | 26.674 | ④ |
| x5 | 県内総生産成長率（%） | 612 | 0.310 | 2.507 | −10.082 | 9.729 | 235 | 0.073 | 2.060 | −6.777 | 4.505 | 377 | 0.457 | 2.743 | −10.101 | 9.727 | ⑤ |
| x6 | 知事選の投票率（%） | 612 | 51.592 | 11.447 | 24.900 | 76.500 | 235 | 52.654 | 11.124 | 27.100 | 72.100 | 377 | 50.930 | 11.609 | 24.900 | 76.500 | ⑥⑦ |
| x7 | 高齢化率（%） | 612 | 22.801 | 3.745 | 12.817 | 32.066 | 235 | 22.409 | 3.589 | 14.124 | 30.105 | 377 | 23.046 | 3.823 | 12.817 | 32.066 | ④ |

注）データの出所について、①から⑦の資料名は以下のとおりとなる。
出所）①朝日新聞、読売新聞、毎日新聞（各地方版）
②地方行財政調査会編『全国知事・市町村長ファイル』
③地方自治総合研究所『全国首長名簿』
④総務省『統計でみる都道府県のすがた』
⑤内閣府『県民経済計算』
⑥総務省『日本統計年鑑』
⑦総務省 HP「都道府県知事選挙結果」
<URL：https://www.soumu.go.jp/senkyo/senkyo_s/data/chiji/index.html>（2020年11月12日参照）

なお、推定にあたっては、ロジットモデルを用いる。各変数間における多重共線性については、VIFの値が一・五七となり、基準となる一〇よりも低い値を示していることから、概ね懸念すべき程の水準には達していないものと判断できる。標準誤差の算定にあたっては、選挙ごとにクラスター化されたロバスト標準誤差（cluster robust standard error）を用いる。

推定結果は、表4のとおりとなる。ケース2はすべての知事選挙の分析結果を、ケース3は新人のみによる知事選挙の分析結果を、ケース4は現職が立候補した知事選挙の分析結果をそれぞれ示している。

まず、ケース2をみてみると、国政与党の支援ダミーの推定係数の符号は正となり一％水準で有意となっている。対抗政党の支援ダミーの推定係数の符号も正となり五％水準で有意となっている。共産党の支援ダミーの推定係数の符号は負となり一％水準で有意となっている。また、歳入総額に対する自主財源の変化率の推定係数の符号は有意な結果を得ていない。これらの結果を解釈すると、分析対象期間中におけるすべての知事選挙でみた場合には、中央官僚出身者に国政与党と対抗政党は相乗りして候補者とし、共産党は候補者としない傾向にあるが、国への財政依存度の高低が影響を与えているとまではいえない。

しかし、ケース3では状況が異なってくる。国政与党の支援ダミーの推定係数の符号は正となり一％水準で有意となっている。対抗政党の支援ダミーの推定係数は有意な結果を得ていない。共産党の支援ダミーの推定係数は五％水準で有意な結果を得ていない。これに加えて、歳入総額に対する自主財源の変化率の推定係数の符号は負となり五％水準で有意となっている。これらの結果を解釈すると、新人のみによる知事選挙だけで見た場合には、国政与党は中央官僚出身者を候補者として擁立しているが、対

### 表 4　推定結果

| | | ケース 2 | | | | ケース 3 | | | | ケース 4 | | | |
|---|---|---|---|---|---|---|---|---|---|---|---|---|---|
| | | 係数 | 標準誤差 | p 値 | | 係数 | 標準誤差 | p 値 | | 係数 | 標準誤差 | p 値 | |
| x1 | 国政与党の支援 | 1.881 | 0.323 | 0.000 | *** | 3.176 | 0.506 | 0.000 | *** | 1.280 | 0.404 | 0.002 | *** |
| x2 | 対抗政党の支援 | 0.792 | 0.330 | 0.016 | ** | −0.621 | 0.674 | 0.357 | | 1.435 | 0.356 | 0.000 | *** |
| x3 | 共産党の支援 | −2.717 | 0.732 | 0.000 | *** | −2.116 | 1.158 | 0.068 | * | −3.258 | 1.066 | 0.002 | *** |
| x4 | 歳入総額に対する自主財源の変化率 | 0.007 | 0.023 | 0.768 | | −0.126 | 0.062 | 0.044 | ** | 0.022 | 0.022 | 0.327 | |
| x5 | 県内総生産成長率 | −0.114 | 0.050 | 0.023 | ** | −0.064 | 0.090 | 0.480 | | −0.124 | 0.063 | 0.048 | ** |
| x6 | 知事選の投票率 | −0.001 | 0.010 | 0.922 | | 0.028 | 0.016 | 0.085 | * | −0.012 | 0.012 | 0.310 | |
| x7 | 高齢化率 | 0.119 | 0.038 | 0.002 | *** | 0.072 | 0.070 | 0.303 | | 0.167 | 0.046 | 0.000 | *** |
| | 定数項 | −4.554 | 1.068 | 0.000 | *** | −5.176 | 1.972 | 0.009 | *** | −5.035 | 1.283 | 0.000 | *** |
| | Log pseudolikelihood | | −226.011 | | | | −80.210 | | | | −134.663 | | |
| | Wald chi2 | | 99.370 | | | | 55.260 | | | | 57.280 | | |
| | Prob>chi2 | | 0.000 | | | | 0.000 | | | | 0.000 | | |
| | Pseudo R2 | | 0.292 | | | | 0.301 | | | | 0.339 | | |
| | 標本数 | | 612 | | | | 235 | | | | 377 | | |

注 1）表において、* は10%水準、** は 5 %水準、*** は 1 %水準で有意であることをそれぞれ示す。
注 2）標準誤差の算定にあたっては、選挙ごとにクラスター化されたロバスト標準誤差を用いている。
注 3）各選挙ダミーの結果については、表記を省略している。

抗政党がその候補者に対して相乗りしているとまではいえない。さらに、選挙の直前期に自前の財源が減少し、国への財政依存度が高まるほど、当該地域で中央官僚出身者の立候補する確率が高まる傾向にあるといえる。以上のことから、仮説2は支持される。

次に、ケース4をみてみると、国政与党の支援ダミーの推定係数の符号は正となり一％水準で有意となっている。対抗政党の支援ダミーの推定係数は正となり一％水準で有意となっている。共産党の支援ダミーの推定係数の符号は負となり一％水準で有意となっている。また、歳入総額に対する自主財源の変化率の推定係数の符号は有意な結果を得ていない。これらの結果を解釈すると、現職が立候補した知事選挙だけで見た場合には、国政与党と対抗政党は中央官僚出身者に相乗りして候補者とし、共産党は候補者としない傾向にあるといえる。このことから、仮説3は支持される。

## 4　推定（2）

前節の分析から、新人のみによる知事選挙では、国政与党は中央官僚出身者を候補者として擁立していること、選挙の直前期に自前の財源が減少し、国への財政依存度が高まっているほど、中央官僚出身者が立候補する確率が高くなる傾向にあることが明らかとなった。また、中央官僚出身の候補者に対して、国政与党と対抗政党の相乗り化が進行するのは、現職が立候補した二期目以降の知事選挙から顕著となることが同時に確認された。

本節では、仮説4に関して、国政与党が推した候補者の知事選挙における当選確率に関する検討を行う。

表5では実証分析に用いるデータの記述統計を示している。表では二〇〇〇年から二〇一五年までに

### 表5　データの記述統計

| | 変数 | すべての選挙 | | | | | 出所 |
|---|---|---|---|---|---|---|---|
| | | 標本数 | 平均 | 標準誤差 | 最小値 | 最大値 | |
| y | 当選の有無（あり＝1、なし＝0） | 612 | 0.317 | 0.466 | 0.000 | 1.000 | ①②③ |
| x1 | 国政与党の支援を受けた中央官僚出身の候補者（あり＝1、なし＝0） | 612 | 0.136 | 0.343 | 0.000 | 1.000 | ①②③ |
| x2 | 国政与党の支援を受けた非中央官僚出身の候補者（あり＝1、なし＝0） | 612 | 0.096 | 0.295 | 0.000 | 1.000 | ①②③ |
| x3 | 対抗政党の支援を受けた中央官僚出身の候補者（あり＝1、なし＝0） | 612 | 0.098 | 0.298 | 0.000 | 1.000 | ①②③ |
| x4 | 対抗政党の支援を受けた非中央官僚出身の候補者（あり＝1、なし＝0） | 612 | 0.100 | 0.300 | 0.000 | 1.000 | ①②③ |
| x5 | 共産党の支援を受けた候補者（あり＝1、なし＝0） | 612 | 0.257 | 0.437 | 0.000 | 1.000 | ①②③ |
| x6 | 現職の候補者（あり＝1、なし＝0） | 612 | 0.225 | 0.418 | 0.000 | 1.000 | ①②③ |

注）データの出所について、①から③の資料名は以下のとおりとなる。
出所）①朝日新聞、読売新聞、毎日新聞（各地方版）
②地方自治総合研究所『全国首長名簿』
③地方行財政調査会編『全国知事・市町村長ファイル』

行われたすべての知事選挙のデータを示している。従属変数には、各候補者の当選の有無ダミー（あり＝1、なし＝0）を用いる。独立変数には、国政与党の支援を受けた中央官僚出身候補者（あり＝1、なし＝0）、国政与党の支援を受けた非中央官僚出身候補者（あり＝1、なし＝0）、対抗政党の支援を受けた中央官僚出身候補者（あり＝1、なし＝0）、対抗政党の支援を受けた非中央官僚出身候補者（あり＝1、なし＝0）、共産党の支援を受けた候補者（あり＝1、なし＝0）の各ダミー変数をそれぞれ用いる。この場合の参照基準は、いずれの政党からも支援を受けていない候補者となる。また、コントロール変数として、現職の候補者（あり＝1、なし＝0）のダミー変数を用いる。さらに、選挙ごとに共通するショックをコントロールするために各選挙ダミーを投入する。[22]

なお、推定にあたっては、ロジットモデルを用いる。各変数間における多重共線性については、VIFの値が三・二五となり、基準となる一〇よりも低

表6　推定結果

| | | ケース5 | | |
|---|---|---|---|---|
| | | 係数 | 標準誤差 | p値 |
| x1 | 国政与党の支援を受けた中央官僚出身の候補者 | 2.181 | 0.548 | 0.000 *** |
| x2 | 国政与党の支援を受けた非中央官僚出身の候補者 | 1.182 | 0.533 | 0.027 ** |
| x3 | 対抗政党の支援を受けた中央官僚出身の候補者 | 1.597 | 0.612 | 0.009 *** |
| x4 | 対抗政党の支援を受けた非中央官僚出身の候補者 | 0.778 | 0.505 | 0.124 |
| x5 | 共産党の支援を受けた候補者 | −1.580 | 0.446 | 0.000 *** |
| x6 | 現職の候補者 | 3.644 | 0.489 | 0.000 *** |
| | 定数項 | −2.030 | 0.185 | 0.000 *** |
| | Log pseudolikelihood | −196.100 | | |
| | Wald chi2 | 107.300 | | |
| | Prob>chi2 | 0.000 | | |
| | Pseudo R2 | 0.487 | | |
| | 標本数 | 612 | | |

注1）表において、* は10％水準、** は5％水準、*** は1％水準で有意であることをそれぞれ示す。
注2）標準誤差の算定にあたっては、選挙ごとにクラスター化されたロバスト標準誤差を用いている。
注3）各選挙ダミーの結果については、表記を省略している。

い値を示していることから、概ね懸念すべき程の水準には達していないものと判断できる。標準誤差の算定にあたっては、選挙ごとにクラスター化されたロバスト標準誤差を用いる。

推定結果は、表6のとおりとなる。ケース5では、国政与党の支援を受けた中央官僚出身の候補者ダミーの推定係数の符号は正となり一％水準で有意となっている。国政与党の支援を受けた非中央官僚出身候補者ダミーの推定係数の符号は正となり五％水準で有意となっている。対抗政党の支援を受けた中央官僚出身候補者ダミーの推定係数の符号は正となり一％水準で有意となっている。対抗政党の支援を受けた非中央官僚出身の候補者ダミーは有意な結果を得ていない。共産党の支援を受けた候補者ダミーの推定係数の符号は負となり一％水準で有意となっている。現職の候補者ダミーの推定係数の符号は正となり一％水準で有意となっている。

これらの結果を解釈すると、各独立変数の推定係数の値の大小を比較する限りでは、中央官僚出身候補者が国政与党の支援を受ける場合において当選確率が最も高まっているといえる。また、知事選挙において現職者が有利であり、実際に当選確率が高い結果を得るのはある程度自明なことと考えられるものの、分析結果を踏まえると、現職かつ国政与党の支援を受けた中央官僚出身候補者の組み合わせにおいて、当選確率が最も高くなるといえる。このことから、仮説4は支持される。

以上、第三節における実証の結果を結論に向けてまとめると、仮説1から仮説4まですべての仮説が支持されるという結果を得た。

## 四　結論

本稿では、二〇〇〇年から二〇一五年の都道府県データを利用して、知事選挙の候補者と知事の出身属性に関して、主に中央官僚出身者に着目した実証分析を行った。実証分析により得られた結論は、次のとおりとなる。

①現職の立候補しない新人のみの知事選挙だけで見た場合、中央官僚出身者は主に国への財政依存度が高まっている地域で立候補し、かつ国政与党からの支援を受ける。

②中央官僚出身者に対して国政与党と対抗政党の相乗り化が進行するのは、現職が立候補した二期目以降の知事選挙から顕著となる。

③国政与党の支援を受けた候補者の中でも、現職かつ中央官僚出身の属性を持つ候補者の当選する確

率が最も高い。

既存研究（河村、二〇〇八：砂原、二〇一〇）の議論では、国政政党の相乗り化現象がすべての知事選挙を通じてみられる現象であるとの見解が主流であったため、現職が立候補しない新人のみによる選挙において実際には国政レベルの政党間で対立構図があり、相乗り化が進んでいない傾向が存在することについては、これまで定量的に明らかにされてこなかった。また、片岡（一九九四）のように、地方における国への財政依存度が中央官僚出身知事の成否に影響を及ぼさないとの見解もあったが、その検証ではサンプル数の少なさと適用している分析手法の精度の低さに課題が残されていた点は否めず、その結論の妥当性についても検討の余地があった。

本稿の分析結果の限りでは、これら既存研究の見解とは異なり、新人のみの選挙では、選挙の直前期に歳入総額に対する自主財源の変化率が低下するほど、中央官僚出身の候補者が立候補する確率が有意に高まっており、国への財政依存度の高低が知事選挙のあり方に影響を及ぼしていることが推察される。さらには、予備的考察の分析から、国政与党の支援を受けた知事の中でも、中央官僚出身知事のもとで実際に財政状況が改善していることも確認された。これら一連の実証分析の結果を通じて、国政与党の支援を受けた中央官僚出身者が国への財政依存度の高い地域において立候補し、住民による選挙において選出された後に、現実に財政状況が改善され、当該属性を持つ者の再選確率がより高まっていくというメカニズムの存在が類推される。以上、本稿で得られた結論には、これまで定量的な分析により未検証の点、あるいは先行研究の見解とは異なる発見事実がいくつか含まれており、学術上の少なくない貢献があるものと考えられる。

最後に、残された課題として、本稿の定量分析では、各変数間の因果関係を導出することに主眼があるため、分析結果はあくまでも二〇〇〇年以後の都道府県の知事選挙において平均的な傾向が存在することを確率的に捉えたものに過ぎない。個々の事例を詳細に検討してみれば、部分的には本稿で得られた逆のケースも少なからず存在することであろう。こうした点を踏まえると、本稿で得られた結論の妥当性について、特に二〇〇〇年以後の都道府県を対象とした事例研究アプローチとの試行錯誤的な検証が必要不可欠であるとも捉えている。また、本稿の分析では候補者の出身属性に関して中央官僚出身者に主に着目したため、それ以外の属性に関しては、ほとんど検討できていない。さらに、二〇一〇年代には国政レベルで自民党一強となり、旧民主党系の勢力が弱まったことから、こうした変化を踏まえた上で、データ期間を分けて分析するなどの検討を行う余地もあると考えられる。

あるいは、予備的分析では、中央官僚出身知事の行財政運営により歳出・歳入のいずれに特徴的な傾向があったとしても影響の出てくることになる基礎的財政赤字を従属変数として用いたが、知事の出身属性の違いにより歳出と歳入のあり方にどのような特徴的な傾向が見出せるのか、個々の項目ごとにより詳細な検討を行う必要もあると思われる。

以上の点については、本稿における実証分析上の限界ともなるが、得られた知見を踏まえた上で、今後さらに研究を深めていきたい。

注

※　本稿を改訂するにあたって、本誌の三名の匿名レフェリーから非常に有益なコメントを頂いた。心から感謝申し上げたい。本稿におけるすべての過誤は、当然に筆者の責である。

（1）米岡（二〇二〇）：七〇頁を参照。このように都道府県における中央官僚の出向人事に関心が集まるのは、中央と地方、あるいは市町村との関係において、戦略的に重要な位置を占めるとの認識もあるからである。その他、都道府県の中央官僚の出向人事に着目した研究には、青木（二〇〇三）、秋月（二〇〇〇a、二〇〇〇b）、稲継（一九九六、二〇〇〇）、喜多見（二〇〇七）、東田（二〇一二）、米岡（二〇二一a）などをあげることができる。

（2）村松（一九八八）：七六頁を参照。

（3）藤澤（二〇〇四）では、一九七五年から一九九九年までのデータにより中央官僚出身知事の再選確率と財政規律に関する検討を行っているが、両者には関係性が見出せないとの結論を示している。少なくとも、二〇〇〇年以後のデータによる定量的な検証を行った先行研究は皆無の状況となる。

（4）米岡（二〇二〇）をあわせて参照されたい。

（5）なお、二〇〇七年の統一地方選挙において、民主党は同年七月に行われた参院選挙を見据えた上で地方選挙において国政レベルの対立構図を持ち込むという方針転換を図った。ただし、辻（二〇一〇）によれば、このような相乗りを禁ずる方針が示されたものの、都道府県レベルでは一部の知事選で相乗りが続いたほか、そうでない地域でも県連レベルで自民党と同一候補を支援するか、無党派知事を応援するなどの現象がみられる場合もあり、そうでない場合には候補者擁立を断念することも少なくなかったと指摘されている。

（6）ただし、片岡（一九九四）では自民党県連から提示される候補者メニューは必ずしも中央官僚出身者であるとは限らず、政治家、すなわち国会議員や地方政治家であることが多いことについても、同時に指摘している。

（7）片岡（一九九四）では、国への財政依存度が中央官僚出身知事の四七都道府県全体に占める比率に与える影響を「中央省庁優位仮説」、都市化の程度が中央官僚出身知事の四七都道府県全体に占める比率に与える影響を「積極行政化仮説」とした上で、それぞれ検証を行っている。

（8）政治経済学における議論の動向に関しては、別所（二〇一〇）などでも詳細な説明が行われているので、あわせて参照されたい。

(9) 国内研究でも、この点に関連して実証分析が盛んに行われており、政治家の出身属性が地方財政に与える影響に関しては、砂原(二〇〇六、二〇一一)が一九七五年から二〇〇六年の都道府県データを用いた検証を、曽我・待鳥(二〇〇七)が一九六〇年から二〇〇五年までの都道府県データを用いた検証を行っている。その他、政治家の出身属性の違いが財政支出や財政赤字の増大に影響を及ぼすかについて検討を行った先行研究としては、飽戸・佐藤(一九八六)、加藤(二〇〇三、二〇一〇)、河村(一九九八)などがあげられる。

(10) 基礎的財政赤字は、「(歳出総額－公債費)－(歳入総額－地方債収入)」と定義して算定している。この算定式から、財政状況が改善して基礎的財政赤字が削減する場合には負の値となり、財政状況が悪化して基礎的財政赤字が増加する場合には正の値となって表現されることを確認されたい。なお、この算定式は小林・近藤(二〇〇八)、藤澤(二〇〇四)で用いられるものと同様となる。

(11) 都道府県議会における反対勢力議席率については、砂原(二〇一一)で定義されるものと同様に、現職の知事に対して選挙時に支援を行っている政党以外の勢力の議席率を意味する。当該変数の作成法については、砂原(二〇一一)をあわせて参照されたい。

(12) 各年度ダミーを回帰モデルに投入することで、二〇〇〇年代における地方分権一括法、三位一体改革、あるいは民主党への政権交代(二〇〇九年から二〇一二年)など、分析対象期間内に生じた諸々の影響を回帰モデルですべてコントロール可能となる。

(13) パネルデータ分析では、観測不能なその他の要因による影響を推定上すべて誤差項に含めて、差分をとることにより除去する。これにより、観測不能な変数による影響を除去した上での推定が可能となる。本節の分析においても、現職知事の政治属性と出身属性の違いが財政状況の改善に与える影響を検討する上で、推定モデルにおいて観測可能な変数を同時に投入しつつ、その他の要因による影響はすべて誤差項に含まれるものとした上で、その誤差項による効果を差分により除去することになる(北村、二〇〇五;Wooldridge, 2010)。パネルデータ分析の詳細については、各先行研究をあわせて参照されたい。

（14）Ｆ検定のカイ二乗値は三七・一七〇でProb>0.000、Hausman検定のカイ二乗値は一三・六三〇でProb>0.000となり、結果として一％水準でランダム効果モデルが採択された。

（15）梶原知事は無投票で知事会長に選出されたものの、当時において全国知事会では会長職の公選制が導入されている。梶原知事は会長職就任の前から、国への意見提出権が認められた全国知事会の会長を四七都道府県知事による公選制にして知事会の正当性を高め、政策提言機能を強化しようしていた（北村、二〇〇九）。

（16）二〇〇五年の梶原知事の知事会長退任後には麻生福岡県知事が、二〇一一年には山田京都府知事がそれぞれ会長に就任している。梶原知事は建設省出身、麻生知事は通産省出身、山田知事は自治省出身というように、それぞれ中央官僚出身者であり、知事に初当選した選挙ではいずれも国政与党の支援を受けていたという共通点もある。第一節でも述べたとおり、わが国では今日に至るまでほぼ一貫して四七都道府県の知事の半分程度が中央官僚の出身者により占められてきたという状況にあるが、全国知事会で公選制の導入された後に就任した知事会長に、こうした属性を有した人材が続いたというのは興味深い。なお、三位一体改革において政府の政策決定過程に全国知事会、あるいは知事会長の発言がどのように影響を及ぼしたのかについては、北村（二〇〇九）で詳細な事例研究が行われているので、あわせて参照されたい。

（17）例えば、土居（二〇〇七）によると、夕張市が準用再建団体となるべく、国や北海道とも相談しながら「夕張市財政再建の基本的枠組み案について」を発表したが、その内容の厳しさに市民をはじめ多くの関係者に衝撃が走ったとされる。同案では、解消すべき赤字額について観光事業の第三セクターの整理・統合に伴い発生する損失補償などを織り込み、約三六〇億円としてその赤字削減策を提示している。具体的には、①人件費削減のため、約二七〇人の職員数を二〇〇九年度当初までに半減させ、一般職員給与の平均三〇％を削減し、給与水準を全国で最低水準にする、②七つの小学校と四つの中学校を二〇一〇年度までに一校ずつに統廃合する、③市立病院は縮小し、診療所に格下げした上で公設民営化する、④集会・体育施設など各種公共施設の使用料を五〇%引き上げ、必要最小限のものを除いて休廃止し、新規の投資的事業は中止する、⑤既存の観光施設を売却する、⑥歳入確保のため、市民税、固定資産税、軽自動車税の税率を全国最高水準に引き上げ、下水道使用料を一〇平米あたり一四七〇円から二四四〇円にそれぞれ引き上げ、ごみ処理も有料化する、⑦唯一の市営の養護老人ホームを二〇〇八年度末に閉鎖する、などであった。こうした方策を講じることにより、約二〇年間で財政再建を成し遂げようとするものであった。設定された財政再建に要する期間自体も、それまでの地方財政再建促進特別措置法に基づく財政再建の事例としては異例の長さであったが、この基本的枠組みが公表されると同時に、地区ごとに連日開かれた夕張市による住民説明会では、市民から行政サービスの削減や負担増に対して強い不満の声が上がり、夕張市から多くの住民が転出するのではないかとすら言われていた（朝日新聞二〇〇六年一一月二二日朝刊）。

(18) 先行研究（Akizuki, 2001; Muramatsu and Iqbal, 2011 など）でも同様のことが指摘されている。

(19) 選挙の結果、知事に当選した中央官僚出身の候補者の経歴については、地方行財政調査会編『全国知事・市町村ファイル』の公式統計で追跡可能である。この資料は、市町村長の出身属性が地方財政に与える影響について検討を行った中澤・宮下（二〇一六）など先行研究でも利用されており、本稿の実証分析でもこのデータを用いる。ただし、すべての候補者に対する経歴については、当該資料だけではデータを追跡できないため、主要な新聞（朝日新聞、読売新聞、毎日新聞）の地方版で掲載されている各知事選挙の記事をあわせて参照した。

(20) 選挙の結果、知事に当選した候補者に対する各政党の公認・推薦・支持の状況については、地方自治総合研究所『全国首長名簿』の公式統計で追跡可能である。この資料は、曽我・待鳥（二〇〇七）や砂原（二〇一一）をはじめ、多くの先行研究により利用されていることから、本稿の実証分析でもこの資料のデータを用いる。ただし、すべての候補者に対する各政党の公認・推薦・支持の状況については、この資料だけではデータを追跡できないため、主要な新聞（朝日新聞、読売新聞、毎日新聞）の地方版で掲載されている各知事選挙の記事をあわせて参照した。

(21) 各選挙ダミーを回帰モデルに投入することで、選挙ごとに生じる固有の効果のみならず、二〇〇〇年代における地方分権一括法、三位一体改革、あるいは民主党への政権交代（二〇〇九年から二〇一二年）など、分析対象期間内に生じた諸々の影響を回帰モデルですべてコントロール可能となる。

(22) 前節の分析と同様の理由により、各選挙ダミーを回帰モデルに投入する。

**参考文献**


青木栄一（二〇〇三）「文部省から地方政府への出向人事：一九七七年から二〇〇〇年までの全八二五事例分析」『東京大学大学院・教育学研究科教育行政学研究室紀要』22、一九―三六頁。

秋月謙吾（二〇〇〇a）「人事交流と地方政府（一）：公共部門における人材戦略」『法学論叢』147(5)、一―二六頁。

秋月謙吾（二〇〇〇b）「人事交流と地方政府（二）：公共部門における人材戦略」『法学論叢』147(6)、一―二〇頁。

飽戸弘・佐藤誠三郎（一九八六）「政治指標と財政支出六四七市の計量分析」『日本の地方政府』東京大学出版会、一四一―一七九頁。

稲継裕昭（一九九六）『日本の官僚人事システム』東洋経済新報社。

稲継裕昭（二〇〇〇）『人事・給与と地方自治』東洋経済新報社。

小川光・須佐大樹・米岡秀眞（二〇一七）「国政選挙制度の改革がもたらす知事の属性の変化」公共選択学会全国大会報告。

片岡正昭（一九九四）『知事職をめぐる官僚と政治家：自民党内の候補者選考政治』木澤社。

加藤美穂子（二〇〇三）「地方財政における政治的要因の影響：地方歳出と地方の政治的特性に関する計量分

析」『関西学院経済学研究』34、二六一—二八五頁。

加藤美穂子（二〇一〇）「地方単独事業に関する規定要因の検証：地方政治要因を含めた計量分析」『会計検査研究』41、一三五—一五一頁。

河村和徳（一九九八）「地方財政に対する首長選挙の影響」『選挙研究』13、一三〇—一三九頁。

河村和徳（二〇〇八）「政党の選挙戦略からみた地方選挙：二〇〇七年統一地方選挙の位置付けを考える」『選挙研究』23、五七—六五頁。

喜多見富太郎（二〇〇七）『地方出向を通じた国によるガバナンス（東京大学行政学研究会研究叢書 4）』東京大学21世紀COEプログラム。

喜多見富太郎（二〇一〇）『地方自治護送船団』慈学舎出版。

北村亘（二〇〇九）『地方財政の行政学的分析』有斐閣。

北村行伸（二〇〇五）『パネルデータ分析（一橋大学経済研究叢書）』岩波書店。

小西秀樹（一九九八）「政策担当者の評判と財政支出の効率化」『フィナンシャル・レビュー』47、三二—五五頁。

小林航・近藤春生（二〇〇八）「知事の在職期間と財政運営」『財政研究』4、二一八—二三二頁。

砂原庸介（二〇〇六）「地方政府の政策決定における政治的要因：制度的観点からの分析」『財政研究』2、一六一—一七八頁。

砂原庸介（二〇一〇）「もう一つの政界再編：政党における中央地方関係の変化とその帰結」御厨貴編『変貌する日本政治』、一〇一—一二五頁。

砂原庸介（二〇一一）『地方政府の民主主義：財政資源の制約と地方政府の政策選択』有斐閣。

鷲見英司（二〇〇〇）「補助金の地域配分における政治・官僚要因の検証」『三田雑誌学会』93(1)、三三—五〇頁。

曽我謙悟・待鳥聡史（二〇〇七）『日本の地方政治：二元代表制政府の政策選択』名古屋大学出版会。

辻陽（二〇一〇）「日本の知事選挙に見る政党の中央地方関係」『選挙研究』26(1)、三八—五二頁。

土居丈朗（二〇〇七）『地方債改革の経済学』日本経済新聞社。

中澤克佳・宮下量久（二〇一六）『「平成の大合併」の政治経済学』勁草書房。

東田親司（二〇一二）「国と地方公共団体との間の人事交流の問題点」『季刊行政管理研究』140、二〇—三二頁。

藤澤昌利（二〇〇四）「地方公共団体における政権交代と財政規律：「権腐十年」の実証分析」『公共選択の研究』42、二〇—三三頁。

古川俊一（二〇〇〇）『政府間財政関係の政治分析』第一法規出版。

別所俊一郎（二〇一〇）「財政規律とコミットメント」『会計検査研究』42、二九—四七頁。

村松岐夫（一九八八）『地方自治（現代政治学叢書15）』東京大学出版会。

山下耕治（二〇〇一）「公共投資の政治的意思決定：パネルデータによる仮説検証」『公共選択の研究』36、二一—三〇頁。

湯之上英雄（二〇〇五）「特別交付税における官僚の影響に関する分析」『公共選択の研究』45、四—四四頁。

米岡秀眞（二〇一五）「中部圏における市町村人件費の決定要因に関する実証分析：地方公共団体の集団類似効果と出向官僚の役割」『中部圏研究』191、九〇—一〇八頁。

米岡秀眞（二〇二〇）「都道府県における中央官僚の出向人事に関する要因分析」『季刊行政管理研究』171、七〇—八三頁。

米岡秀眞（二〇二一ａ）「都道府県における中央官僚の出向人事に関する実証分析：知事の出身属性の違いと組織の人事配置に着目して」日本行政学会全国大会報告。

米岡秀眞（二〇二一ｂ）「都道府県における職員給与の抑制」『地方自治ふくおか』73、六〇—七四頁。

Akhmedov, A. and Zhuravskaya, E. (2004) "Opportunistic Political Cycles: Test in a Young Democracy Setting," Quarterly Journal of Economics, 199(4), pp.1301-1338.

Akizuki, K. (2001) "Partnership in Controlled Decentralization: Local Governments and the Ministry of

Home Affairs," Local Government Development in Post-War Japan, Muramatsu, M., Iqbal, F., Kume, I. (eds) Oxford University Press, pp.63–84.

Alesina, A., Perotti, R. and Tavares, J. (1998) "The Political Economy of Fiscal Adjustments," Brooking Papers on Economic Activity, 1, pp.197–266.

Ardagna, S., Caselli, F and Lane, T. (2007) "Fiscal Discipline and the Cost of Public Debt Service: Some Estimates for OECD Countries," B. E. Journal of Macroeconomics, 7(1), Article 28.

Brender, A. (2003) "The Effect of Fiscal Performance on Local Government Election Results in Israel: 1989–1998," Journal of Public Economics, 87, pp.2187–2205.

Brender, A. and Drazen, A. (2008) "Political Budget Cycles in New Versus Established Democracies," Journal of Monetary Economics, 52, pp.1271–1295.

Drazen, A. and Eslava, M. (2010) "Electoral Manipulation via Voter-friendly Spending: Theory and Evidence," Journal of Development Economics, 92(1), pp.39–52.

Eslava, M. (2006) "The Political Economy of Fiscal Policy: Survey," Inter-American Development Bank Working Paper, 583.

Foucault, M., Madies, T. and Paty, S. (2008) "Public Spending Interactions and Local Politics: Emperical Evidence from French Municipalities," Public Choice, 137, pp.57–80.

Kneebone, R. D. and Mckenzie, K. J. (2001) "Electoral and Partisan Cycles in Fiscal Policy: An Examination of Canadian Provinces," International Tax and Public Finance, 8, pp.753–774.

Konishi, H. (2006) "Spending Cuts or Tax Increase? The Composition of Fiscal Adjustments as a Signal," European Economic Review, 50(6), pp.1441–1469.

Muramatsu, M. and Iqbal, F. (2001) "Understanding Japanese Intergovernmental Relations: Perspectives,

Models and Salient Characteristics," Local Government Tax Lcreaid Development in Post-War Japan, Muramatsu, M., Iqbal, F. and Kume, I. (eds) Oxford University Press, pp.85-111.

Nordhaus, W. D. (1975) "The Political Business Cycle," Review of Economic Studies, 42(2), pp.169-190.

Persson, T. and Tabellini, G. (2000) "Political Economics: Explaining Economic Policy," MIT press.

Rhodes, R. A. W. (1986) "The National World of Local Government," Allen and Unwin, London.

Rogoff, K. (1990) "Equilibrium Political Budget Cycles," American Economic Review, 80(1), pp.21-36.

Schilesinger, J. A. (1975) "The Primary Goals of Political Parties: A Clarification of Positive Theory," American Political Science Review, 69, pp.840-849.

Wooldridge, J. (2010) "Econometrics Analysis of Cross Section and Panel Data," second edition, MIT Press.

（よねおか　ひでまさ・政治経済学）

# Ⅴ　学会記事

## ◇日本地方自治学会　学会記事

一　二〇二〇年度の研究会が十一月二十一日（土）と二十二日（日）の両日、オンライン（Zoom）で開催された。

(1)　分科会（十一月二十一日）

「公募セッション（自由論題）」

「長野県内市町村の地域再生に向けて―北海道東川町の取組事例を中心にして―」

中村稔彦（長野県立大学）

「自治体におけるパブリックコメントの積極的運用と首長の政治姿勢」

吉岡久恵（京都橘大学大学院生）

コメンテーター　藤原真史（山梨大学）

司会　碇山　洋（金沢大学）

(2)　研究会（十一月二十一日）

共通論題Ⅰ「自治体公務と地域公共の担い手」

「地方公務員の非正規化とその影響―公務員人事制度の在り方の展望―」

上林陽治（地方自治総合研究所）

「地方公務員制度と地方公共団体の自律性―会計年度任用職員制度を踏まえて―」

コメンテーター　松村　享（名古屋学院大学）
山口道昭（立正大学）
司会　大谷基道（獨協大学）

(3)　分科会（十一月二十二日）
「文化行政と自治体」
「自治体文化行政についての政治学的検討―あいちトリエンナーレをどう見るか―」
南島和久（新潟大学）
「地方自治体の芸術祭への関与についての行政法的検討―『表現の不自由展・その後』を題材にして―」
和泉田保一（山形大学）
「文化庁の補助金交付作用とあいちトリエンナーレ」
北見宏介（名城大学）
司会　権　奇法（愛媛大学）

(4)　研究会（十一月二十二日）
共通論題Ⅱ「新型コロナウイルスへの自治体の対応」
「地方自治体による新型コロナウイルスへの対応：ガバナンスの能力（Governance Capacity）とガバナンスの正当性（Governance Legitimacy）の観点から」
佐々木一如（常磐大学）
「パンデミック下の『憲法と地方自治』」
植松健一（立命館大学）
「MERS流行以後の新型コロナウィルス防疫体制への制度変化―政府間関係を対象に」
河　東賢（Ha Dong Hyun）（全北大学）

司会　　礒崎初仁（中央大学）

## 二　総会

二〇二〇年度総会が十一月二十日（土）にオンライン（Zoom）で開催され、二〇一九年度決算・会計監査、二〇二一年度予算、役員について審議し、承認された。

役員

〈理事長〉

小原隆治（早稲田大学）

〈理事〉（五〇音順）

礒崎初仁（中央大学、企画委員長）、今里佳奈子（龍谷大学）、牛山久仁彦（明治大学、組織委員長）、内海麻利（駒澤大学）、大田直史（龍谷大学）、岡本三彦（東海大学）、垣見隆禎（福島大学）、川瀬憲子（静岡大学、国際交流委員長）、小泉和重（熊本県立大学）、榊原秀訓（南山大学）、佐藤　学（沖縄国際大学）、白藤博行（専修大学）、玉野和志（東京都立大学）、外山公美（政策マネジメント研究所）、野呂　充（大阪大学）人見　剛（早稲田大学）、平岡和久（立命館大学）、廣瀬克哉（法政大学）、福島康仁（日本大学）、星野　泉（明治大学）、前田雅子（関西学院大学）、三野　靖（香川大学、年報編集委員長）、武藤博己（法政大学）、村上祐介（東京大学）、森　裕之（立命館大学）、山崎圭一（横浜国立大学、事務局長）、山下竜一（北海道大学）

〈監事〉

入江容子（同志社大学）、廣田全男（横浜市立大学）

〈顧問〉

今里　滋、今村都南雄、加茂利男、佐藤　竺、芝池義一、中邨　章、晴山一穂、見上崇洋、宮本憲一、横田　茂、吉田善明

## ◇日本地方自治学会　年報「論文」・「ノート」公募要領

日本地方自治学会年報編集委員会
二〇〇六年一一月一一日総会にて承認
二〇一九年七月二〇日理事会にて変更

日本地方自治学会では、学会創立二〇周年を記念して、年報・地方自治叢書第二〇号（二〇〇七年一〇月刊）から、『年報』という発表の場を広く会員に開放することと致しました。

叢書の総頁数の関係で、「論文」「ノート」は最大三本までの掲載に限られますが、このことにより、学際的な本学会の特徴をより明確にし、年報の充実により、多角的な視点による地方自治研究の水準をさらに引き上げていきたいと考えます。

つきましては、以下の要領にて「論文」「ノート」を公募しますので、積極的にご応募ください。

一　応募資格

毎年一一月末日現在での全ての個人会員（一度掲載された方は、その後二年間応募をご遠慮いただくこととします）。

## 二　テーマ・内容

地方自治をテーマにしていれば、内容は応募者の自由としますが、日本語で書かれた未発表のもの（他の雑誌等に現在投稿中のものは応募できません）とし、「論文」または「ノート」のいずれか一点に限ります。

「論文」は、知見の新しさなどを求める学術論文を対象とし、「ノート」は、研究の中間段階でありながら一定のまとまりを持つものや学術的関心に支えられた行政実務についての論述など、地方自治研究を刺激することが期待されるものを対象とします。

## 三　原稿枚数

「論文」については、二四、〇〇〇字（四〇〇字詰原稿用紙六〇枚）以内、「ノート」については、一二、〇〇〇字以上一六、〇〇〇字未満（四〇〇字詰原稿用紙三〇枚以上四〇枚未満）とします。字数には、表題・図表・注・文献リストを含みます。

## 四　応募から掲載までの手続き

### ①　意思表示

応募者は、毎年一二月末までに、原稿のプロポーザル（A四、一頁、一、二〇〇字程度）を、「封書」で、表に「日本地方自治学会論文・ノート応募」と明記の上、下記日本地方自治学会年報編集委員会委員長宛にお送りください。

プロポーザルには、何をいかなるアプローチで明らかにしようとするのか、内容のおおよその構成とその素材について説明してください。「論文」と「ノート」のどちらでの掲載を希望しているのかについても明記してください。

プロポーザルと実際の応募原稿の内容が大幅に異なる場合には、原稿を受理致しません。応募の意思表示をされた方には、プロポーザル受理の通知とともに、応募件数の状況、執筆要領をお送りします。

・プロポーザル送付先　日本地方自治学会年報編集委員会委員長

〒七六〇―八五二三　香川県高松市幸町二番一号　香川大学法学部五〇一号室

三野　靖

② 応募原稿の締め切り期日

翌年の二月中旬必着とします。上記日本地方自治学会年報編集委員会委員長宛に、執筆要領に従った完全原稿とそのコピー一部、計二部を、郵送してください。それ以外の方法では受け取りません。

③ 応募者の匿名性確保のための作業

二下旬に、年報編集委員会が、査読に当って応募者を判らないようにするため、応募「論文」「ノート」の一部について、必要最小限のマスキング（黒塗り）を施すことがあります。応募にあたっては、このマスキングがなされても、論旨を損わないよう、引用・注等に配慮した執筆をお願いします。

④ 審査方法

三月に入ると、年報編集委員会が、応募のあった「論文」「ノート」各一編につき、匿名で、三名のレフェリー（査読者）を委嘱し、およそ、一ヶ月間、審査をお願いし、その審査結果をもとに、掲載の可否を決定します。

三名のレフェリーのうち、二名以上が掲載可と判定した場合は、掲載できるとの原則で運用します。

しかし、年報への掲載可能本数は「論文」「ノート」あわせて、最大三本と見込まれるため、場合によっては、次年度号への掲載となる場合があります。

⑤　審査基準

「論文」については、主題の明晰さ、命題・事実・方法などにおける知見の新しさなどを基準とし、地方自治学会年報に掲載する学術論文としての適切さを審査します。査読結果によって、掲載可となる場合でも、「論文」ではなく、「ノート」として掲載可となることもあります。また、掲載の条件として修正が求められた場合には、再査読が行われます。

「ノート」については、論述が整理されていること、調査研究を刺激する可能性のあることなどを基準とし、提出された時点での完成度について、地方自治学会年報に掲載する「ノート」としての適切さを審査します。

但し、年報への掲載可能本数が「論文」「ノート」あわせて、最大三本であるため、掲載にあたっては「論文」を優先し、「掲載可」とされた「ノート」であっても、年報編集委員会がレフェリーによる相対評価に基づいて優先順位をつけ、順位の低い「ノート」の掲載を次年度号に送る判断をすることがあります。

また、掲載の条件として修正が求められた場合には、再査読が行われます。

⑥　掲載可となった原稿の提出

早ければ五月初旬、再査読が必要になった場合でも、六月初旬には、年報編集委員会から応募者に対して、掲載の可否についての最終の連絡をします。

掲載否の場合は、レフェリーの判断を年報編集委員会にて取りまとめたうえ、応募者に文書にて通知します。

掲載可の場合は、年報編集委員会からの通知を受けて、六月末日までに、日本地方自治学会年報編集委員会委員長宛に、完全原稿一部とその電子情報（ワード）を添付ファイルにて提出してください。

⑦　校正等

年報は、一一月下旬までの刊行を目指しますが、その間に、著者校正を二回程度お願いします。

## 五　その他

公募論文の年報への掲載に際しては、年報編集委員会による簡単な応募状況などの報告のみを付します。

以　上

## 編集後記

二〇二〇年度研究会は、コロナ禍のため、初めてのオンライン開催となりました。当然のことながら初めてのことなので、事前の準備はもとより、当日の対応等、事務局の皆様のご尽力により無事に終えることができました。二〇二一年度もオンライン開催と決まり、本（34）号編集時（二〇二一年八月末）には、第五波をむかえており、収束のめどはたっていません。また、辻山幸宣顧問（元理事長）が二〇二一年三月に急逝されました。二〇一八年度研究会の記念講演「地方自治と私」を第三二号『自治の現場と課題』で掲載できたことがせめてもの恩返しになればと思います。心より哀悼の意を表します。来年度こそ、会員の皆様とお会いできることを願っております。

（年報編集委員会委員長　三野　靖）

地方自治の諸相　〈地方自治叢書34〉

2021年11月20日　初版発行

定価はカバーに表示してあります

編　者　日本地方自治学会
発行者　竹　内　基　雄
発行所　㈱　敬　文　堂

東京都新宿区早稲田鶴巻町538
電話　(03) 3203-6161（代）
FAX　(03) 3204-0161
振替　00130-0-23737
http://www.keibundo.com

印刷／信毎書籍印刷株式会社　製本／有限会社高地製本所

ISBN978-4-7670-0247-7　C 3331

# 〈日本地方自治学会年報〉既刊本

## 地方自治叢書〈1〉転換期の地方自治

本体二四〇〇円

日本地方自治学会の設立に当たり**柴田徳衛**／地方自治論の課題と展望**兼子仁**／現代社会と地方自治**宮本憲一**／地方自治史研究の成果と課題**大石嘉一郎**／行政学の立場から**寄本勝美**／社会学の立場から**似田貝香門**／転換期のアメリカ政府間関係**新藤宗幸**／転換期の地方自治**戒能通厚**／西ドイツにおける地方自治**伊東弘文**／町づくりにおける住民参加の歴史的経過をたどって**片方信也**／転換期の意味と主体の問題**矢澤修次郎**／イギリス地方税改革と地方自治の再編**北村裕明**／アメリカの市民参加**寄本勝美**／公共性の現代的展開**似田貝香門**／「東京の行政と政治」研究ノート**佐々木信夫**／書評

## 地方自治叢書〈2〉日本地方自治の回顧と展望

本体三〇〇〇円

戦後地方自治雑考**阿利莫二**／私と地方自治**杉村敏正**／明治地方自治の国際的性格**山田公平**／都市自治一〇〇年における関一**芝村篤樹**／昭和期における府県制度改革**天川晃**／地方自治の継受と公益事業制策について**今井清一**／日本の地方自治の「独自性」**宮本憲一**／戦後日本政治分析における多元主義理論と中央地方関係**佐藤俊一**／八〇年代の不動産資本・土地市場の動向と都市の変貌**宮野雄一**／岐路にたつ都市社会運動**吉原直樹**／イタリアの都市自治と住民参加**宗田好史**／台湾の地方財政**川瀬光義**／韓国における住民参加制度について**鄭相干**／タイの地方自治と住民参加**橋本卓**／書評

## 地方自治叢書〈3〉広域行政と府県

本体二六二二円

地方自治と私**足立忠夫**／「行革」・広域行政と府県**都丸泰助**／府県と自治体連合の可能性**鳴海正泰**／農山村地域と広域行政**保母武彦**／都市計画の立場からみた都道府県と広域行政**石田頼房**／自治的広域行政機構の条件**岩崎美紀子**／福祉行政事務の地方移譲の法的問題点**芝池義一**／イギリス地方税制改革の基本的枠組**星野泉**／フランスにおける地方債の自由化**青木宗明**／ニュージーランドにおける政府間関係の動向**藤井浩司**／都市ポランタリズムとコミュニティ**渡戸一郎**／書評

## 地方自治叢書〈4〉世界都市と地方自治

本体二九一三円

私と地方自治**柴田徳衛**／世界都市の挑戦**K・タブ**（**横田茂訳**）／英国地方税制の改革と地方団体の反発**竹下譲**／「世界都市・TOKYO」の特質とその構造的矛盾**寺西俊一**／都市の産業構造からみた世界都市論**青木圭介**／世界都市の理論化と問題点**中邨章**／新しい中央地方関係論へ**笠京子**／補助金と地方自治**鶴田廣巳**／地方自治と住民参加**鵜飼照喜**／タイにおける過疎農村地域開発と地方政府の役割**M・サングスカル**（**小池治訳**）／人口過疎地域における地方自治体の役割と機能**E・パディラ**（**中村・小池・中邨訳**）

## 地方自治叢書〈5〉条例と地方自治

本体二七一八円

学会誌第五号の発行にあたって**佐藤竺**／私と地方自治**加藤一明**／研究会「条例と地方自治」のまとめ**兼子仁**／地方自治の展開と条例の諸傾向**吉田善明**／まちづくりと条例**三橋良士明**／都市憲章条例への期待**富野暉一郎**／自治体条例論をめぐる枠組みの再検討**五十嵐敬喜**／自治体における選択基準の実際**江口清三郎**／自治体財政における公会計システムについて**兼村高文**／選挙区割における地方性重視の可能性**小林幸夫**／真鶴町まちづくり条例論**五十嵐敬喜**／韓国の民主化と地方自治**盧隆熙**／日・韓地方自治比較の問題点**山田公平**／書評

地方自治叢書〈6〉

## 地域開発と地方自治

本体二七一八円

全国総合開発計画三〇年を検討する**宮本憲一**／自治の思考の転換**河中二講**／「持続する発展」をもとめて**宮本憲一**／リゾート開発と地方自治**今里滋**／地域開発と地方自治**渡名喜庸安**／地域環境時代の地域開発と地方自治**中村剛治郎**／グローバル・リストラと地域開発**佐々木雅幸**／孫文の建国構想における地方自治と台湾の地方行財政**川瀬光義**／三新法体制における参加と統制の制度構造**小原隆治**／住民自治の歴史的展開**玉野和志**／都市再開発とネイバーフッド・リバイタリゼイション**白石克孝**／書評

地方自治叢書〈7〉

## 都市計画と地方自治

本体二七一八円

第七巻発刊にあたって**宮本憲一**／私と地方自治**横山桂次**／わが国都市計画の新次元への挑戦**三村浩史**／改正都市計画法―行政手続法―開発指導**鈴木庸夫**／都市計画のマスタープランとまちづくりの課題**片方信也**／合衆国の都市改造の経験とその教訓**遠州尋美**／一九九二年都市計画法、建築基準法改正に寄せて**北原鉄也**／都市環境形成の課題**安木典夫**／まちづくりにおける自治会・企業・支所の役割**今川晃**／わが国の都市計画行政と市町村マスタープランの創設**丸山康人**／発展途上国における地方分権化**山崎圭一**／ポスト福祉国家と新都市社会学の展開**西山八重子**／書評

地方自治叢書〈8〉

## 現代の分権化

本体二七一八円

学会誌第八巻の発刊に当たって**室井力**／私と地方自治**佐藤竺**／現代地方分権論の文脈**加茂利男**／立法学からみた地方分権推進法**五十嵐敬喜**／地方分権と税財政制度改革**遠藤宏一**／地方分権―五つの関心**水口憲人**／討論「社会福祉分野からのコメント」**武田宏**／戦時・占領期における集権体制の変容**市川喜崇**／伊勢湾沿岸域開発と地方自治**鈴木誠**／地方政府再編に関する一考察**牛山久仁彦**／フランス州財政の諸問題**中西一**／外国人居住者と日本の地域社会**田嶋淳子**／都心居住にみる自治体の施策と課題**市川宏雄**／書評

地方自治叢書〈9〉

## 行政手続法と地方自治

本体二七〇〇円

私と地方自治**吉岡健次**／行政手続法と地方自治**本多滝夫**／行政手続法と地方自治**今村都南雄**／行政手続法と地方自治**塩崎賢明**／報告に対するコメント**見上崇洋**／水資源開発と地方自治**小森治夫**／韓国における工業団地開発と都市財政**鄭徳秀**／書評

地方自治叢書〈10〉

## 機関委任事務と地方自治

本体二八〇〇円

私と地方自治**宮本憲一**／「機関委任事務」法論と地方自治**白藤博行**／機関委任事務廃止の意味**辻山幸宣**／機関委任事務と財政改革**坂本忠次**／社会セクター台頭の意味と可能性**白石克孝**／地方分権と地方財源**星野泉**／英国労働党政権の新地方自治政策**横田光雄**／書評

地方自治叢書〈11〉

**戦後地方自治の歩みと課題**

本体二九〇〇円

地方自治と私室井力／地方自治改革の軌跡と課題山田公平／分権的税財源システムの課題伊東弘文／戦後地方自治と革新自治体論鳴海正泰／震災復興と自治体財政高山新／英国の地方財政制度稲沢克祐／サンフランシスコにおけるアフォーダブル住宅五嶋陽子／書評

地方自治叢書〈12〉

**介護保険と地方自治**

本体二八〇〇円

私と地方自治研究大石嘉一郎／介護保険と市町村の役割池田省三／介護保険と地方財政横山純一／鷹巣町の福祉岩川徹／コミュニティ・ソリューションと市民・ＮＰＯ日詰一幸／都市と農山村の連携におけるＮＰＯの役割松井真理子／福祉改革・地方分権改革の中の生活保護行政木原佳奈子／広域連合制度の特質とその活用方途原田晃樹／書評

地方自治叢書〈13〉

**公共事業と地方自治**

本体二八〇〇円

地方財政危機と公共事業関野満夫／公共事業と地方自治晴山一穂／公共事業の分権武藤博己／地方分権一括法以後の地方自治辻山幸宣／韓国の地方分権の推進状況と課題崔昌浩／パラダイムの転換竹下譲／書評

地方自治叢書〈14〉

**分権改革と自治の空間**

本体二九〇〇円

私と地方自治石田頼房／分権改革水口憲人／環境行政における中央・地方の役割分担と協力寄本勝美／地方分権改革と広域行政岩崎美紀子／地域社会の側から見た地方分権と広域行政富野暉一郎／高齢者保健福祉政策と市町村の公的責任水谷利亮／自治体財政とキャッシュ・フロー会計兼村高文／基地問題と沖縄の自治島袋純／韓国地方自治制度の歴史と現行制度に関する一考察李憲模／英国における「地方自治の現代化」森邊成一／書評

地方自治叢書〈15〉

**どこまできたか地方自治改革**

本体二八〇〇円

新世紀における三重のくにづくり北川正恭／地方分権改革と地方税制星野泉／分権時代の法環境久保茂樹／分権化の行政改革向井正治／議員提出条例から見た県議会改革小林清人／韓国における地方議会の現状と活性化策呉在一・朴恵子／英国の自治体経営改革の動向稲沢克祐／現代デモクラシーのなかの住民投票上田道明／書評

地方自治叢書〈16〉

## 自治制度の再編戦略

本体二八〇〇円

地方自治と私**兼子仁**／自治史のなかの平成合併**山田公平**／自治体再編と新たな自治制度**島田恵司**／基礎的自治体と広域的自治体再論**人見剛**／都市・農村共生型財政システムをめざして**重森曉**／「西尾私案」と地方自治**白藤博行**／市町村合併に伴う選挙区制度設置と自治体内自治組織論**今井照**／市町村合併の検討過程と住民自治**小林慶太郎**／地方公共事業とＰＦＩ**森裕之**／書評

地方自治叢書〈17〉

## 分権型社会の政治と自治

本体二八〇〇円

二元的代表制の再検討**駒林良則**／自治を担う議員の役割とその選出方法**江藤俊昭**／自治体の財政的自立と税源移譲**兼村高文**／「地域自治組織」と自治体の政治**今井照**／イングランドにおける広域自治体の再編**馬場健**／ＮＰＯと資金問題**松井真理子**／地方政治のニューウェイブ**今里佳奈子**／韓国の住民投票制度について**姜再鎬**／書評

地方自治叢書〈18〉

## 道州制と地方自治

本体二八〇〇円

地方自治と私**山田公平**／《対談》都道府県自治をめぐって**増田寛也・今村都南雄**／　道州制と北海道開発予算の現状・課題**横山純一**／道州制の考え方**稲葉馨**／　道州制・都道府県論の系譜**市川喜崇**／「地域自治区」の法的位相**妹尾克敏**／自治の本質と価値**黒木誉之**／書評

地方自治叢書〈19〉

## 自治体二層制と地方自治

本体二八〇〇円

地方自治制度改革のゆくえ**加茂利男**／風土の上にある自治**松本克夫**／新時代の基礎自治体**岩崎美紀子**／個別行政サービス改革としての三位一体改革**金井利之**／地方分権改革の検証**垣見隆禎**／都市計画関係法令と条例制定権**大田直史**／ブラジル参加型予算の意義と限界**山崎圭一**／カナダの州オンブズマン制度と地方自治体の関係**外山公美**／書評

地方自治叢書〈20〉

## 合意形成と地方自治

本体二八〇〇円

地方自治体の国政参加権再論**人見剛**／基地維持財政政策の変貌**川瀬光義**／スイスの住民参加と合意形成―住民投票の可能性と限界**岡本三彦**／住民投票の歴史的展開**鹿谷雄一**／コミュニティ政策の課題**玉野和志**／地域コミュニティの現在**家中茂**／書評

地方自治叢書〈21〉

## 格差是正と地方自治

本体二八〇〇円

自治体の格差と個性に関する一考察**山口道昭**／二〇〇〇年代「教育改革」と教育を受ける権利**竹内俊子**／「地域格差」と自治体の再生**岡田知弘**／福島県商業まちづくり推進条例と「まちづくり三法」**鈴木浩**／指導要綱の条例化と住民の意向の反映**内海麻利**／ドイツの市民参加の方法「プラーヌンクスツェレ」と日本での展開**篠藤明徳**／地方財政調整交付金制度創設に関する論議**中村稔彦**／書評

地方自治叢書〈22〉

## 変革の中の地方自治

本体二八〇〇円

地方自治と私**加茂利男**／道路論争**五十嵐敬喜**／自治体議会改革を考える**小林武**／国と普通地方公共団体との間の行政訴訟**寺洋平**／自治基本条例における住民自治の必要性**相澤直子**／アメリカの交通まちづくりと持続可能な都市交通経営**川勝健志**／市民によるマニフェスト評価**長野基**／書評

地方自治叢書〈23〉

## 第一次分権改革後一〇年の検証

本体二八〇〇円

地方分権の法改革**白藤博行**／自治体の再編と地域自治**今川晃**／三位一体改革の帰結と財源保障制度の将来像**武田公子**／農山漁村地域における自治体財政の実態と課題**桒田但馬**／韓国における分権化政策の評価と課題**呉在一**／書評

地方自治叢書〈24〉

## 「地域主権改革」と地方自治

本体二八〇〇円

あらためて問われる「地域主権」改革**今村都南雄**／「地域主権改革」と住民自治**人見剛**／創造都市と都市文化景観**佐々木雅幸**／イギリスにおける自治体外部監査の制度的特徴**長内祐樹**／分権改革と政府間関係**立岩信明**／イングランドにおけるリージョナリズムの変化**石見豊**／書評

地方自治叢書〈25〉

## 「新しい公共」とローカル・ガバナンス

本体二八〇〇円

新しい公共における政府・自治体とサード・セクターのパートナーシップ**原田晃樹**／イギリスのパートナーシップ型地域再生政策の評価―第三の道とビッグソサイエティ**金川幸司**／ローカル・ガバナンスにおける地方自治体の議会改革**新川達郎**／議会改革・議会内閣制・ボランティア議会と住民の役割**榊原秀訓**／東日本大震災復興の理念と現実**塩崎賢明**／「国保被排除層」の生活保護問題**藤井えりの**／書評